Brigitte Endres

Justus und die 10 Gebote

Mit Skizzen von
Melanie Brockamp

Erstes Kapitel

Du *sollst*
Du sollst
Du sollst
schrieb Justus untereinander. Zehnmal!
»Schreibt die Zehn Gebote aus dem Buch ins Heft
und lernt sie auswendig«, hatte Pfarrer Becker heute
in Reli gesagt. »Bei der Klassenarbeit in zwei Wochen erwarte ich, dass ihr sie auswendig könnt und
Beispiele dazu kennt!«
»Du sollst!«, stöhnte Justus.
»Was sollst du?«
Justus drehte sich um. Er hatte gar nicht bemerkt,
dass Opa Karl ins Zimmer gekommen war. Mist! –
Und er war immer noch nicht fertig mit den Hausaufgaben. Zu seinem Geburtstag letzte Woche hatte
ihm Opa den Bausatz für ein Modellflugzeug geschenkt. Eine *Seagull X4*, ein Wahnsinnsteil mit

7

Fernsteuerung! Heute wollten sie anfangen, den Flieger zusammenzubauen.

»Was stöhnst du denn?« Der Großvater sah Justus über die Schultern. »Ach so, die Zehn Gebote!«

Justus nickte. »Immer nur: Du sollst, du sollst, du sollst. – Schrecklich!« Er beugte sich wieder übers Heft, um nur schnell fertig zu werden. *Ehebrechen* schrieb er. »*Du sollst nicht ehebrechen*«, las er dann laut. »Was soll ich denn damit?« Er deutete auf die erste Zeile. »Oder das hier – *du sollst keine anderen Götter neben mir haben*. Was denn für andere Götter?«

Verdrossen arbeitete er weiter. Sein Großvater setzte sich schweigend neben ihn. Als Justus mit einem Aufatmen den Stift weglegte, sagte Opa Karl ganz in Gedanken: »Anleitung!«

Justus schoss hoch, fischte das Beiheft aus der Verpackung des Flugmodells und legte es auf den Tisch. »Hier!«

Sein Großvater schüttelte den Kopf. »Nein, die Bauanleitung für den Flieger hab ich nicht gemeint. Ich dachte eben, die Zehn Gebote sind eine Art Anleitung. Eine Anleitung für ein glückliches Leben.«

Justus hatte nicht die geringste Lust, weiter über die Zehn Gebote zu reden. Er zog seinen Großvater hoch. »Komm, Opa, ich will jetzt endlich in die Werkstatt!«

Gemeinsam gingen sie durch den Garten zum Schuppen hinüber. Duffy, Opa Karls Hund, lag auf dem Fußabstreifer in der Sonne. Als er die beiden kommen sah, klopfte sein Schwanz freudig auf die Matte.

»Auf, Duffy!«, befahl der Großvater. »Lass uns rein!«

Der kleine Mischlingshund – ein Mix aus Pudel und einem großen Fragezeichen, wie Justus' Mutter immer sagte – sprang auf und folgte ihnen in die Werkstatt.

Früher war Opa Karl Schreiner gewesen. Damals hatte er eine große Schreinerei mit vielen Angestellten gehabt. Aber inzwischen war er in Rente und hatte den Betrieb längst verkauft. Seit er Witwer war, lebte er bei seiner Tochter, dem Schwiegersohn und den Enkeln Justus und Marie. Im Schuppen hatte er sich eine kleine Werkstatt eingerichtet, wo er ab und zu für Freunde und Bekannte noch Möbel reparierte und ein bisschen schreinerte.

Justus legte den Karton auf die Hobelbank und begann auszupacken. Duffy, der immer gleich zur Stelle war, wenn Papier knisterte, sah erwartungsvoll zu ihm hoch.

Justus schüttelte den Kopf. »Ne, du Fresssack! Das ist nichts für dich!«

Enttäuscht trollte sich Duffy auf seine Decke. Justus betrachtete verträumt das Foto auf dem Deckel. Er konnte es jetzt schon kaum erwarten, die Seagull fliegen zu lassen!

Nachdem der Großvater die Beschreibung studiert hatte, legte er alle Bauteile auf die Werkbank. »Schau!«, sagte er und drückte Justus ein feines Schleifpapier in die Hand. »Einige sind noch ganz rau. Du musst alle Unebenheiten abschleifen. Aber sei vorsichtig, dass du nicht zu viel wegnimmst!«

Justus machte sich an die Arbeit, während sich sein Großvater einen kaputten Stuhl vorknöpfte, den ihm eine Nachbarin gestern gebracht hatte.

Während beide so vor sich hin werkelten, versuchte Justus, sich an die Reihenfolge der Gebote zu erinnern. Er verdrehte die Augen. So ein Quatsch! Wozu musste man die bloß auswendig kennen?

»Habt ihr eigentlich früher auch die Zehn Gebote lernen müssen?«, fragte er.

»Aber sicher«, sagte sein Großvater. »Und wir hatten einen verdammt strengen Pfarrer. Der hat uns mit dem Lineal auf die Finger gehauen, wenn wir was nicht konnten. Gerade bei den Zehn Geboten hab ich mein Fett abgekriegt, das weiß ich noch wie heute. Ich fand die damals genauso stinklangweilig wie du und hab halt lieber Fußball gespielt als gelernt.«

Justus sah erstaunt hoch. »Echt? Aber das ist doch verboten! Ich meine, man darf Kinder doch nicht schlagen?«

Opa Karl schraubte die Leimflasche auf und griff nach einem Pinsel. »Tja, damals war das eben noch anders. Aber genützt hat es gar nichts. Man kann Kindern nichts einbläuen, davon werden sie auch nicht schlauer. Das mit den Zehn Geboten hab ich dann erst viel später verstanden. Da war ich schon erwachsen.«

Justus griff nach dem nächsten Bauteil. »Ich versteh auch nicht alles. Ich meine, nicht stehlen, nicht lügen, nicht töten, das ist doch sowieso klar. Aber schon der Anfang – das mit den anderen Göttern. Was soll das?«

Der Großvater unterbrach seine Arbeit und lehnte sich an die Hobelbank. »Eigentlich beginnt das erste Gebot ja mit: *Ich bin der Herr, dein Gott.* Und dann kommt: *Du sollst keine anderen Götter neben mir haben.*«

Er kratzte sich am Kinn. »Ich habe mich lange gefragt, wer ist eigentlich dieser Gott? Und dann hat mir deine Großtante Luise zur Hochzeit eine Karte geschickt, auf der stand ein Satz aus dem Johannes-Evangelium und der hieß: *Gott ist die Liebe, und wer in der Liebe bleibt, der bleibt in Gott und Gott in*

11

ihm. Da wurde mir plötzlich klar, wie das erste Gebot gemeint ist. Verstehst du?«

Opa Karl wandte sich wieder dem Stuhl zu. Justus bearbeitete nachdenklich den Rumpf des Fliegers. Nein, eigentlich verstand er nicht, was Opa damit sagen wollte.

Als hätte er Justus' Gedanken gelesen, fuhr der Großvater fort:»Das erste Gebot könnte auch heißen: **Das Wichtigste in deinem Leben soll die Liebe sein.** Nicht Erfolg, Vergnügen und Geld machen uns wirklich glücklich, sondern das, was wir für andere tun können. Im Grunde sind die Zehn Gebote – wie ich ja vorhin gesagt habe – nichts anderes als eine Anleitung für ein glückliches Leben. Und wenn du die Augen offen hältst, wirst du sehen, dass wir jeden Tag mit den Zehn Geboten zu tun haben.«

»Abendessen!« Das kam vom Haus drüben. Großvater und Enkel sahen sich an. Sie wussten, wenn ihr Essen kalt wurde, wurde Mama ungemütlich. Widerwillig legte Justus die Arbeit aus der Hand.

»Was gibt's Neues?«, erkundigte sich der Vater, als alle am Tisch saßen.

Justus schenkte sich Wasser ein.»Opa und ich haben heute mit dem Flieger angefangen. Der wird echt cool, der …«

»Was Neues?«, schnitt Marie ihm das Wort ab.

Ihre aufgebrachte Stimme verriet Justus, dass seiner Schwester etwas auf der Seele brannte, er schluckte seinen Protest hinunter.

»Wir haben 'ne Neue«, fauchte Marie los. »Hanna heißt sie. Eine blöde Zicke, wenn ihr mich fragt.«

»Du kennst sie doch noch gar nicht«, entgegnete der Vater. »Vielleicht ist sie ganz nett.«

Marie grummelte etwas in sich hinein, während die Mutter sichtlich abwesend auf ihrem Teller herumstocherte.

Der Großvater sprach sie an. »Is' was mit dir?«

Sie nickte ernst. »Bei mir im Betrieb gibt's auch was Neues. Nichts Schönes, leider!«

Alle sahen sie gespannt an.

»Eisemann entlässt Frau Henkel. Sie war in den letzten Jahren oft krank, soviel ich weiß, eine hartnäckige Nierensache. Dieses Jahr ist sie bestimmt auch schon zwei, drei Monate ausgefallen. Das ist natürlich nicht gut für die Firma. Aber gleich entlassen …?«

Opa Karl runzelte die Stirn. »Das passt zu diesem Eisemann!«

»Tut mir wirklich leid für die Frau«, sagte der Vater. »Ist ihr Mann nicht auch arbeitslos?«

Die Mutter nickte. »Beide sind über fünfzig. Die kriegen nie wieder einen Job. Das kann man doch heutzutage vergessen. Wieder ein Fall fürs Sozialamt. Die Ärmste war völlig aufgelöst.« Sie seufzte. »Irgendwie macht mich das ganz fertig. Ich meine – der Firma geht es gut. Wir haben sogar neue Leute eingestellt. Frau Henkel hat vor ihrer Krankheit doch vollen Einsatz gezeigt. Hoffentlich geht's mir nicht eines Tages auch so.«

Der Vater nahm sich Salat nach. »Ich versteh den Eisemann nicht. Im Kirchenrat hat er die große Klappe und spielt den Superchristen. Aber wenn's um seine Interessen geht, wirft er alles über Bord.«

Duffys Fiepen unterbrach das traurige Thema, er saß gespannt neben seinem Herrchen und forderte den üblichen Happen.

»Duffy, still!«, fuhr ihn die Mutter an. »Hör auf zu betteln!«

Aber da war es schon zu spät. Opa Karl hatte ihm bereits ein Stück von seiner Frikadelle vermacht.

Sie warf ihrem Vater einen vorwurfsvollen Blick zu. »So lernt er nie, sich wie ein anständiger Hund zu benehmen! – Bald sitzt er mit am Tisch.«

»Cool«, sagte Marie. »Ich bring ihm bei, mit Messer und Gabel zu essen.«

Justus grinste. »Genau, er kann auf unserem alten Kinderstühlchen sitzen.«

Die Mutter drohte den beiden mit dem Finger.

Als sie mit Abendessen fertig waren, erhob sich Opa Karl. »Wer geht mit zu einem Verdauungsspaziergang? Duffy muss noch mal raus.«

Da alle anderen zu tun hatten, begleitete Justus seinen Großvater. Sie gingen hinüber zum Wäldchen. Es war noch hell, die Tage wurden jetzt spürbar länger. In bester Frühlingslaune schwirrten die Vögel durch das aufkeimende Grün und zwitscherten sich die Kehlen aus dem Leib. Duffy lief, die Nase immer am Boden, neben ihnen her.

»Der Eisemann«, sagte Opa Karl plötzlich, seine Stimme klang scharf. »Der hat das erste Gebot auch nicht verstanden.«

Justus sah verwundert zu ihm hoch.

Der Großvater schüttelte gereizt den Kopf. »Es nützt gar nichts, in der Kirche in der ersten Reihe zu sitzen, wenn man anderen Göttern dient.«

Justus horchte auf. »Glaubt Mamas Chef an andere Götter?«

»Allerdings!«, sagte Opa Karl. »An den Gott *Geld*, an den Gott *Profit*, an den Gott *Gier*. Für die tut er alles!«

Justus hob ein Stöckchen vom Boden auf. Duffy sprang in freudiger Erwartung um ihn herum. Justus holte aus und schleuderte es weit von sich. Wie ein Verrückter sauste Duffy hinterher.

Justus grinste.»Für das Stöckchen macht Duffy auch alles.«

»Duffy ist ein Hund und kein Kirchenrat«, entgegnete sein Großvater.»Wir Menschen entscheiden, welchen Göttern wir dienen. Das unterscheidet uns vom Tier. Duffy tut, was ihm sein Instinkt sagt, und das Stöckchen spricht seinen Jagdinstinkt an. Wir aber können wählen, ob wir unserem egoistischen Vorteil folgen oder ob wir so handeln, dass es anderen auch gut geht. Das ist das, was ich mit Liebe gemeint habe, verstehst du? Die Liebe zum Wichtigsten im Leben machen – das erste Gebot.«

Justus nickte. Er entwand Duffy das Stöckchen, das der soeben stolz zurückgebracht hatte, und schleuderte es erneut von sich.

»Du, Opa«, sagte er.»Dann sind mit anderen Göttern nicht wirklich andere Götter gemeint, wie Allah zum Beispiel. An den glaubt Faruk aus meiner Klasse.«

Gedankenvoll beobachtete der Großvater den kleinen Hund, der im hohen Gras aufgeregt nach seiner Beute suchte.

»Es gibt nur einen Gott. Aber er hat viele Namen«, sagte er schließlich.»Die Muslime nennen ihn Allah, die Hindus Krishna, die Juden Jahwe. Es kommt nicht darauf an, wie wir ihn nennen. Aber es kommt darauf an, dass wir nichts anderes vergöttern als die Liebe – Gott ist die Liebe.«

Ein Spaziergänger mit einem großen Schäferhund kam ihnen entgegen. Der Großvater pfiff nach Duffy. Widerstrebend, weil er das Stöckchen noch nicht gefunden hatte, trottete der kleine Hund zurück. Opa Karl leinte ihn an.

Justus dachte darüber nach, was sein Opa gesagt hatte. »Aber«, sagte er dann, »wenn alle immer nach dem ersten Gebot handeln würden, bräuchte man die anderen Gebote doch gar nicht.«

Sein Großvater nickte. »Du hast völlig recht. Das erste Gebot ist das wichtigste und auch das schwierigste. Es gibt so viele Dinge, die uns davon ablenken – all unsere kleinen Götter: Egoismus, Bequemlichkeit, Habgier. Die anderen Gebote erklären uns deshalb noch genauer, wie wir uns verhalten sollen, um ein wirklich glückliches Leben zu führen.«

Als der Mann mit seinem Schäferhund vorbeigegangen war, ließ Opa Karl Duffy wieder von der Leine. Schwanzwedelnd lief der kleine Hund voraus. Justus sah ihm amüsiert nach. »Duffy ist auch ohne Gebote glücklich.«

»Für Duffy gibt es auch Gebote«, entgegnete der Großvater. »Eines heißt: Du sollst nichts mopsen!«

Justus lachte. »Ja, aber er hält sich nicht daran. Wie

neulich, als er Mama die Fleischwurst vom Tisch geklaut hat. Mann, war die sauer! Und dann lag er unterm Schrank wie das leibhaftige schlechte Gewissen.«

Opa Karl lächelte. »Duffy kennt die Regeln genau. Aber er verzichtet nicht aus Liebe zu seinen Menschen auf die Wurst, sondern weil er genau weiß, dass er mit Strafe rechnen muss. Und wenn keiner da ist, nimmt er die Wurst halt trotzdem. Uns Menschen kann es aber sehr glücklich machen, auf etwas zu verzichten, nur um jemandem eine Freude zu machen.«

Justus dachte sofort an den selbst gebauten Blumenkasten aus Holz, den er Mama zum Geburtstag geschenkt hatte. Opa hatte ihm zwar beim Schreinern geholfen, aber das Material, Blumenerde und die Pflanzen hatte er von seinem Taschengeld gekauft. Einen ganzen Monat hatte er dafür gespart und auf Einkäufe beim Kiosk verzichtet. Aber es hatte sich gelohnt. Wer zu Besuch kam, musste seither den Blumenkasten bewundern. Sogar dem Postboten hatte sie ihn gezeigt. Justus genoss ihre Begeisterung in vollen Zügen. Ein richtig gutes Gefühl war das.

»Es ist schön, was herzuschenken«, sagte er. »Genauso schön, wie wenn man was kriegt.«

»Es macht von Herzen glücklich«, antwortete der Großvater. »Und darum geht es.«

Zweites Kapitel

Der nächste Morgen begann für Justus allerdings gar nicht glücklich. Mama hatte seine beiden Lieblingshosen in die Waschmaschine gesteckt, sodass er die blöde braune anziehen musste. Ausgerechnet heute, wo sie Chor hatten und er Yasmina aus der Parallelklasse treffen würde.

Mama hatte wenig Mitleid mit ihm und Marie zog ihn auch noch auf. »Für wen musst du denn so schön sein? Sag bloß, du bist verliebt!«

»Halt die Klappe!«, fuhr Justus sie an und öffnete die Schachtel mit dem Schokomüsli. »Mist!«, stöhnte er. »Fast leer! – Mann, heut ist echt nicht mein Tag!«

Justus sollte recht behalten. Gleich in der ersten Stunde bekamen sie die Mathearbeit zurück.

»Justus, was war los? Das kannst du besser!« Damit hielt der Mathelehrer Justus das Blatt unter die Nase. Eine große Fünf prangte auf der ersten Seite.

Noah beugte sich zu seinem Freund hinüber. Sein rundliches Gesicht verzog sich mitleidig. »Kacke!«

»Lass mich!«, knurrte Justus und schob das Blatt in den Rucksack.

Das würde daheim ganz schön Zoff geben. Er hätte die neuen Textaufgaben eben doch noch mal durchgehen sollen. Papa hatte ihn gewarnt. Er hörte ihn schon sagen: »Von nichts kommt nichts!« Justus seufzte.

Als ihn zu alldem Yasmina keines Blickes würdigte, sondern die ganze Chorprobe über mit Hakan herumalberte, fiel seine Laune ins Bodenlose. Mit düsterer Miene machte er sich auf den Heimweg.

Schon als er den Flur betrat, stieg ihm ein so widerlicher Blumenkohlgeruch in die Nase, dass ihm fast schlecht wurde. Das hatte ihm grade noch gefehlt! Wenn er etwas nicht ausstehen konnte, war es Blumenkohl – ganz anders als Marie, die sich vegetarisch ernährte und überbackenen Blumenkohl für ihr Leben gern aß.

»Kannst du mal eben aufdecken?« Damit reichte ihm seine Mutter einen Stapel Teller. Wütend knallte Justus das Geschirr auf den Tisch.

»Vorsicht, junger Mann!« Sie sah ihn verwundert an.

Finster erwiderte Justus ihren Blick. »Du weißt genau, dass ich keinen Blumenkohl mag. Der stinkt wie die Pest und schmeckt wie …«

Er beendete den Satz nicht, die Stirn seiner Mutter umwölkte sich bedrohlich. Hörbar unterkühlt erwiderte sie: »Aber andere Leute mögen ihn. Du bist nicht allein auf der Welt!«

Justus stellte seinen Teller in den Schrank zurück. »Ich hab keinen Hunger!«

Seine Mutter sah ihn frostig an. »Dann geh in dein Zimmer und beglück die Wände mit deiner schlechten Laune!«

Mit Türenknallen rannte Justus aus der Küche. In seinem Zimmer setzte er sich aufs Bett und starrte aus dem Fenster. Er fühlte sich schrecklich, und Hunger hatte er auch. Aber lieber würde er verhungern, als die blöde Blumenkohlpampe zu essen. Wenn er nachher ohnmächtig auf seinem Bett lag, würde sich Mama Vorwürfe machen. Das geschah ihr dann ganz recht!

Aber Justus wurde nicht ohnmächtig, obwohl sein Magen knurrte wie ein Rudel angriffslustiger Wölfe. Schließlich stand er auf und kramte schlecht gelaunt seine Hausaufgaben aus dem Rucksack.

Eine halbe Stunde später scharrte es an der Tür, gleich darauf stürmte Duffy herein, hinter ihm der Großvater. »Wir haben dich beim Essen vermisst.«

Justus drehte sich nicht um und antwortete auch nicht. Duffy lief zu ihm hin, aber Justus beachtete ihn nicht.

Der Großvater räusperte sich. »Na ja, wollte nur sagen, wenn du so weit bist, kannst du rüberkommen und am Flieger weiterarbeiten. Ich geh schon mal vor.«

Als Justus mit den Hausaufgaben fertig war, ging er zuerst in die Küche, inzwischen kam er fast um vor Hunger. Seine Mutter saß am Esstisch und las auf ihrem Tablet. Als er hereinkam, sah sie kurz hoch. »Und?«

Justus öffnete den Kühlschrank. Seine Mutter stand auf und schloss ihn wieder. »Du wirst wohl bis zum Abendessen warten müssen.« Ihre Stimme klang schneidend. »Und damit das klar ist, es geht nicht um den Blumenkohl, sondern um den Ton!«

Justus wusste, es war sinnlos, jetzt mit ihr diskutieren zu wollen. Er warf ihr einen verbitterten Blick zu und trollte sich zum Schuppen.

Als er die Werkstatt betrat, sah ihn Opa Karl prüfend an. Dann drückte er Justus ein Tapetenmesser in die Hand. »Nimm das, die Rippen für die Tragflächen müssen auseinandergeschnitten werden. Aber sei vorsichtig!«

Justus nickte stumm, er hatte noch immer eine Stinkwut im Bauch. Gut, dass ihm Opa keine Fragen stellte! Sich auf seine Arbeit zu konzentrieren, fiel Justus heute höllisch schwer. Es war gar nicht so leicht, die Rippen passgenau zu schneiden. Mit der Zeit wurde dann auch noch das Messer stumpf, sodass er mit höherem Druck arbeiten musste. Und da passierte es: Der Cutter rutschte ab und fuhr in seine Fingerkuppe.

»Autsch! Herrgott im Himmel! Verdammt noch mal!« Mit einer schmerzverzerrten Grimasse steckte Justus den Finger in den Mund.

Opa Karl rannte zu ihm. »Lass mal sehen!«

Aufschluchzend zeigte ihm Justus den blutenden Finger. Sein Großvater eilte zum Erste-Hilfe-Kasten und verarztete die Wunde. Dann nahm er seinen Enkel in den Arm. Jetzt ließ Justus den Tränen freien Lauf. Es tat gut, den ganzen Frust abzulassen.

»Willst du jetzt über deinen Ärger reden?«, fragte Opa Karl.

Unter atemlosem Schluchzen erzählte Justus von seinem schwarzen Tag.

Der Großvater strich ihm tröstend übers Haar. »Ja, ja, ein Unglück kommt selten allein. – Aber das mit der Mathenote und die Blumenkohlgeschichte hast du dir selbst zuzuschreiben. Dafür musst du niemanden anklagen.«

Justus löste sich aus der Umarmung und zog die Nase hoch. »Mach ich ja gar nicht!«

»Machst du eben doch! Was kann der *Herrgott im Himmel* eigentlich dafür, dass ein gewisser Justus Kröger nicht für Mathe gelernt hat, dann unverschämt zu seiner Mutter war und sich schließlich in den Finger geschnitten hat, weil er zu faul war, ein neues Messer in den Cutter zu klemmen?«

Justus zog die Nase hoch. »Nichts. Das sagt man halt so in der Wut.«

Sein Großvater lächelte. »Womit wir wieder mal bei den Zehn Geboten wären. Weißt du noch, wie das zweite Gebot heißt?«

Justus starrte finster auf den Boden. Erstens hatte er keine Lust, jetzt einen Vortrag über die Zehn Gebote zu hören, und zweitens hatte er keine Ahnung mehr, wie das zweite Gebot hieß.

»*Du sollst den Namen Gottes nicht missbrauchen*«, sagte Opa Karl, ohne seine Antwort abzuwarten. »Man könnte aber stattdessen auch sagen: **Mach Gott nicht für dein Handeln verantwortlich!**«

Noch immer schniefend betrachtete Justus seinen Finger. Mann, wann hörte das Pochen endlich auf?

»Komm!«, sagte der Großvater. »Arbeiten wir morgen weiter. Setzen wir uns hinter den Schuppen. Ich hab noch eine Tüte Kekse.«

Die Aussicht auf etwas Essbares verbesserte Justus'
Laune schlagartig.

Hinterm Schuppen standen zwei alte Korbstühle
und ein klappriger Tisch. Von hier aus konnte man
bis zum Wald sehen. Opa Karl saß oft hier und dachte an Gott und die Welt, wie er das nannte.

Duffy und Justus waren heute gleichermaßen ungeduldig, als der Großvater wenig später die Keks-
packung aufriss. Mit den ersten Plätzchen im Bauch
meldete sich in Justus wieder Lebensfreude.

Obwohl es noch recht frisch war, konnte man es
hier, im Schutz der Bretterwand, gut aushalten. Auf
der Wiese blühten schon die Schlüsselblumen, erste
Bienen waren unterwegs. Der ganze Stress des
Tages fiel von ihm ab. Er konnte plötzlich gar nicht
mehr verstehen, warum er sich heute so über alles
aufgeregt hatte. Das mit Mathe war zwar wirklich
bescheuert – da musste er sich eben ranhalten. Aber
der ganze andere Ärger erschien ihm jetzt lächer-
lich.

»Eigentlich blöd, dass man in der Wut Sachen sagt,
die man gar nicht so meint«, sagte er nachdenklich.

Opa Karl nickte. »Das machen die Menschen
schon, seit sie der Sprache mächtig sind. Sie versu-
chen, einen Schuldigen zu finden, und dann muss oft
Gott herhalten.«

Justus grinste. »Stimmt, Obelix sagt immer: Beim Teutates!«

Der Großvater gab Duffy, der mit Bettelblick zu ihm hochsah, ein Bröckchen Keks ab. »Die Gallier fluchten eben auf ihre gallischen Götter. Aber Gott ist nicht an unserem Unglück schuld. Da müssen wir uns schon bei der eigenen Nase packen.«

Beim Abendessen haute Justus heute richtig rein. Zum Glück griff Mama das Thema *Blumenkohl* nicht mehr auf. Justus beschloss, das mit der Mathearbeit nicht gleich heute zu beichten. Für heute hatte er schon genug Ärger gehabt.

Im Hintergrund lief das Radio. Der Vater stand auf und schaltete es aus. »Ich hab es vorhin schon im Internet gelesen. Habt ihr das mitgekriegt? Schon wieder so ein Selbstmordattentäter. Neunzehn Tote! Ist das nicht furchtbar?«

Die Mutter nickte. »Ich hab's auch gelesen. Und alles im Namen Gottes.«

»Dass immer noch Kriege im Namen Gottes geführt werden«, sagte der Vater und seufzte. »Im Mittelalter sind die Kreuzritter über die Sarazenen hergefallen. *Kreuzritter* – allein das Wort! Wo doch das Kreuz ein Zeichen der Versöhnung ist. Und heute, Hunderte von Jahren später, fallen islamistische Terroristen über unsere Kultur her. Angeblich führen auch sie einen *heiligen Krieg*. Als ob ein Krieg heilig sein könnte.«

Opa Karl sah zu Justus hinüber, der sich bereits das dritte Brot schmierte. »Das zweite Gebot!«, sagte er. Justus stellte die Butter zurück. »Für Gott andere Menschen zu töten, ist echt das Letzte! Wahrscheinlich suchen die nur eine Ausrede für ihre Verbrechen.«

»Wie die Großen in der Schule«, mischte sich nun auch Marie ins Gespräch. »Der Melzer stellt in den Pausen immer zwei Schüler aus der Neunten ans Tor, damit die Kleinen nicht auf die Straße laufen. Da sind manchmal so Typen dabei, die verprügeln die Jüngeren schon, wenn sie sich dem Tor auch nur nähern. Angeblich im Namen des Rektors. Ha, ha!«

»Genau, die behaupten, sie müssten das machen, aber in Wirklichkeit wollen die nur draufhauen«, bestätigte Justus, der sich nur zu gut daran erinnerte, wie er als Zweitklässler mal verdroschen worden war.

»Das ist gar kein schlechter Vergleich«, bestätigte seine Mutter. »Dem Melzer ist das bestimmt nicht recht. Und trotzdem berufen sich diese Kerle auf ihn.« Sie lehnte sich ganz in Gedanken zurück. »Wer angeblich im Auftrag Gottes mordet, missbraucht den Namen Gottes für unmenschliche Zwecke. Das ist natürlich bequemer, als die Verantwortung selbst zu tragen.«

Der Großvater steckte Duffy eine Scheibe Wurst zu. Den vorwurfsvollen Blick seiner Tochter beantwortete er mit einem schelmischen Augenzwinkern.

Dann wandte er sich an Justus. »Du siehst, wenn die Menschen den zweiten Punkt der Anleitung beachten würden, gäbe es sehr viel weniger Unglück in unserer Welt.«

»Anleitung?«, wiederholte sein Schwiegersohn verwundert.

»Die Anleitung für ein glückliches Leben«, sagte Opa Karl.

»Manche sagen auch *Zehn Gebote* dazu«, erklärte Justus und grinste über das verdutzte Gesicht seines Vaters.

Drittes Kapitel

Am Mittwochnachmittag, die Mutter war eben von der Arbeit heimgekommen, läutete es Sturm. Duffy raste kläffend zur Tür. Justus verbannte ihn ins Wohnzimmer und öffnete. Draußen stand, zu seinem großen Erstaunen, Frau Thiemann, die Nachbarin aus dem Nebenhaus.

Mit den Thiemanns hatten die Krögers wenig zu tun – und wenn, war das meistens unerfreulich. Immer wieder gab es Ärger, weil Duffy im Garten angeblich andauernd bellte. Das alte Ehepaar hatte erwachsene Kinder, aber die sah man so gut wie nie. Und auch sonst bekamen die zwei kaum Besuch. Dafür hatten sie auch gar keine Zeit. Beide waren noch berufstätig. Im Sommer ackerten sie oft, bis es dunkel wurde im Garten oder wuschen ihre *Protzkiste*, wie Opa Karl die große silbergraue Limousine der Thiemanns nannte.

»Die Protzkiste können sie nur abbezahlen, weil der alte Sauertopf jedes Wochenende schwarzarbeitet. Was hat er eigentlich davon, wenn er keine Freizeit hat?«, hatte der Großvater gesagt, als die Nachbarn voller Stolz aus dem neuen Luxuswagen stiegen.

Jetzt stand Frau Thiemann mit hochrotem Kopf vor der Tür. Justus ahnte nichts Gutes. Sicher ging es wieder um Duffy. Er hatte gestern Abend im Garten eine fremde Katze gejagt und dabei ordentlich Radau gemacht.

Die Mutter, die nun auch zur Tür kam, dachte wohl das Gleiche. »Duffys Gekläffe von gestern Abend tut mir leid«, sagte sie sofort, um noch schnell einer Anschuldigung zuvorzukommen.

Aber Frau Thiemann winkte aufgeregt ab. »Mein Mann«, stieß sie hervor. »Er ist zusammengebrochen. Ich kann den Hausarzt nicht erreichen. Sie haben doch früher als Krankenschwester gearbeitet. Bitte sehen Sie doch mal nach ihm!«

Ohne ein weiteres Wort zu verlieren, schlüpfte die Mutter in ihre Schuhe und folgte der Nachbarin. Justus schluckte, Mamas erschrockenes Gesicht verhieß nichts Gutes. Bedrückt ging er in sein Zimmer und versuchte Hausaufgaben zu machen. Aber seine Gedanken wanderten immer wieder zu den Thiemanns. Wenige Minuten später hörte er die anschwellende

Sirene eines Krankenwagens. Er rannte zum Fenster. Ein Rettungswagen hielt vor dem Nachbarhaus. Den alten Thiemann musste es ganz schön erwischt haben. Dann sah er, wie zwei Sanitäter den Nachbarn auf einer Trage in den Wagen schoben. Seine Frau stieg leichenblass mit ein und der Krankenwagen brauste mit Blaulicht davon.

Kurz darauf hörte Justus, wie seine Mutter den Flur betrat. Aufgewühlt rannte er in den Flur. »Und, was war, Mama?«

»Vermutlich ein Herzinfarkt, fast kein Puls mehr – höchste Zeit!« Sie strich sich eine Haarsträhne aus dem Gesicht und bückte sich zu Duffy, der sie freudig begrüßte.

»Ist das schlimm?«, fragte Justus.

Sie nickte. »Aber vielleicht hat er Glück. Jedenfalls wird er sein Leben grundlegend ändern müssen.«

Da drehte sich der Schlüssel im Schloss. Es war Opa Karl, der eben einen Spezialkleber für das Modellflugzeug besorgt hatte.

»Was ist denn hier los?«, fragte er, als ihn zwei bedrückte Gesichter empfingen.

»Thiemann ist im Krankenhaus, Herzinfarkt«, platzte Justus heraus.

Sein Großvater zog den Mantel aus und nickte bedächtig. »Das überrascht mich nicht. Ein Wunder, dass er so lange durchgehalten hat. Immer auf Hochtouren – jetzt muss er wohl eine Zwangspause einlegen.«

»Das sieht ganz so aus, Vater«, sagte die Mutter ernst und verschwand kopfschüttelnd im Wohnzimmer.

Justus war jetzt viel zu aufgeregt, um Hausaufgaben zu machen. Das bisschen konnte er schnell noch vor dem Schlafengehen erledigen. Gemeinsam gingen Großvater und Enkel zum Schuppen.

Opa Karl holte den Kleber aus der Tüte. »Ein teuflisches Zeug! Pass bloß auf, dass du nichts in die Augen kriegst!« Dann zeigte er Justus, wie man die Verstärkungsstreben an den Tragflächen fixierte.

Während er arbeitete, musste Justus andauernd an den Griesgram Thiemann denken. Eigentlich mochte er ihn ja nicht besonders, aber jetzt tat er ihm leid. Auch dem Großvater ging der Nachbar offenbar nicht aus dem Kopf.

»Das dritte Gebot«, sagte Opa Karl plötzlich. »Es ist eigenartig, aber seit wir neulich über die Zehn Gebote gesprochen haben, wird mir erst klar, wie wichtig jedes einzelne für unser Leben ist – sogar lebenswichtig.«

Justus sah erstaunt hoch. »Das dritte Gebot, was soll das denn mit Thiemanns Herzinfarkt zu tun haben? Das heißt doch: *Du sollst den Tag des Herrn heiligen!* Pfarrer Becker sagt, damit ist der Sonntag gemeint. Aber heute haben wir Mittwoch.«

Opa Karl, der soeben Duffys Wassernapf gefüllt hatte, rappelte sich ächzend hoch. »Das dritte Gebot hat eine ganze Menge mit Thiemanns Herzinfarkt zu tun. – Es geht nicht nur um den Sonntag. Das dritte Gebot könnte auch heißen: **Finde Ruhe, deine innere Stimme zu hören!** – Die Stimme Gottes, die Stimme der Liebe. Und die sagt: Nimm dir Zeit für andere Menschen und für dich selbst! – Zeit für gute Gedanken, Zeit zum Kraftschöpfen.«

Er kratzte sich am Kinn. »Heutzutage ist es aber gar nicht so leicht, die innere Stimme zu hören. Die hörst du nämlich nur, wenn du zur Ruhe kommst. Leider ist unser Leben alles andere als ruhig. Sicher, wir müssen arbeiten. Aber auch in unserer Freizeit gibt es keine Atempause. Überall lärmende Ablenkungen: Fernsehen, Internet und was weiß ich noch alles. Und dann sind da noch die vielen kleinen Götter. Du erinnerst dich an unser Gespräch von neulich? Für Thiemann heißt einer dieser Götter *Auto* und dafür schuftete er auch am Wochenende. Für Familie, Freunde und Erholung blieb da nicht mehr viel Zeit. Das geht eine Weile gut, aber dann macht der Körper irgendwann nicht mehr mit und zack, liegt man auf der Nase.«

Mechanisch klebte Justus eine weitere Strebe an die Tragfläche. Er nickte. »Okay, so meinst du das. Dann ist das dritte Gebot dazu da, dass die Menschen sich ausruhen. Eigentlich ein cooles Gebot!«

»Allerdings«, sagte sein Großvater. »Thiemann wird sich ganz schön umstellen müssen, wenn er aus dem Krankenhaus kommt. Wie bisher kann er jedenfalls nicht weitermachen.«

Justus nickte.

Opa Karl zeigte nach oben. »Manchmal kriegen wir von höchster Stelle einen Warnschuss. Ich wünsche dem Thiemann von Herzen, dass er wieder auf die Beine kommt und sich die Botschaft zu Herzen nimmt. Und vielleicht ist er dann auch gelassener, wenn Duffy mal ein bisschen kläfft.«

Duffy, der auf seiner Decke döste, bewegte müde den Schwanz, als er seinen Namen hörte.

Justus kniete sich hin und tätschelte ihn. »Wenn einer das dritte Gebot befolgt, ist es Duffy. Ich glaub, es ist sein Lieblingsgebot.«

Sein Großvater lachte. »Was das angeht, können sich manche Zweibeiner eine Scheibe von Duffy abschneiden.«

Viertes Kapitel

Am folgenden Nachmittag machte sich Justus fürs Karatetraining fertig. Bevor er loszog, fing Opa Karl ihn ab und drückte ihm ein Buch in die Hand. »Das hab ich beim Aufräumen gefunden. Mein alter Freund Anton hat es mir schon vor einer halben Ewigkeit geliehen. Hab völlig vergessen, es zurückzugeben. Bachstraße Nummer fünf, ein kleines blaues Haus, liegt genau auf deinem Weg – Feldmann heißt er. Bitte gib es doch für mich zurück und frag Anton, ob er wieder mal Lust auf eine Partie Schach hätte. Wir haben uns schon so lange nicht mehr gesehen – telefonisch konnte ich ihn einfach nicht erreichen.«

Justus nickte und steckte das Buch in seine Sporttasche.

Da er früh dran war, entschloss er sich, den Auftrag gleich zu erledigen. Er erkannte das Häuschen sofort an dem blauen Anstrich. Aber er wunderte sich, dass ein großer Container voller Sperrmüll im Garten stand. Noch ehe er klingeln konnte, trat eine Frau aus der Tür und warf eine altmodische Stehlampe hinein.

»Entschuldigung«, sagte Justus. »Ich möchte zu Herrn Feldmann.«

Die Frau runzelte die Stirn. »Wieso?«

Justus kramte das Buch aus der Tasche. »Mein Großvater möchte ihm dieses Buch zurückgeben.«

»Vater wohnt nicht mehr hier. Er ist jetzt im Seniorenheim Sonnenhof«, sagte die Frau. »Du kannst es mir geben.«

Justus fühlte sich plötzlich unbehaglich. Zwischen all den Dingen in dem Container lagen auch eine Unmenge alter Bücher. Er hatte so ein Gefühl, dass die Leihgabe auch gleich dort landen würde. Und er wusste: Das wäre Opa Karl bestimmt nicht recht. Er schüttelte den Kopf. »Nein danke!« Damit rannte er weg.

»Was?«, rief der Großvater, als ihm Justus am Abend das Buch zurückgab. »Anton in einem Altersheim? Was soll er denn da? Er ist genauso alt wie ich und für sein Alter kerngesund und rüstig. Seine Frau ist vor zwei Jahren gestorben. Aber er hat doch eine Tochter und zwei Söhne. Und außerdem gehört ihm das Haus.«

»Sonnenhof?«, sagte die Mutter, als sie davon erfuhr. »Das wird eine ganz schöne Umstellung für den alten Feldmann sein, wo doch der Garten sein Ein und Alles war.«

Der Großvater legte seinen Arm um sie. »Was bin ich froh, dass ich so eine wundervolle Tochter habe.«

»Und ich bin froh, dass ich so einen wundervollen Vater habe«, erwiderte sie und fügte verschmitzt hinzu: »Wer soll sonst die ganzen Reparaturen im Haus machen, wo ich einen Mann mit zwei linken Händen geheiratet habe?«

Justus grinste. »Und ich bin auch froh, dass du bei uns wohnst. Natürlich vor allem wegen dem Flieger.«

»So ist das also!« Opa Karl runzelte die Stirn. »Ich werde hier schamlos ausgenützt!«

»Ganz so ist es nicht«, sagte die Mutter, »und das weißt du auch. Außerdem steht schon in der Bibel: *Du sollst Vater und Mutter ehren!* Du und Mutter habt so viel für mich getan, und ich kann so wenig davon zurückgeben.«

»Das vierte Gebot«, warf Justus ein.

Sein Großvater lächelte ihm zu. »Du hast die Zehn Gebote also schon drauf. Stimmt, die vierte Lebensregel heißt: **Schenke deinen Eltern die Liebe, die sie dir schenken!**«

Die Mutter drückte Justus augenzwinkernd den Mülleimer in die Hand. »Und damit kannst du gleich anfangen.«

Justus rümpfte die Nase, aber er brachte den Müll ohne Widerworte raus. Warum war Marie eigentlich nie da, wenn es Arbeit gab? Für sie galt das vierte Gebot schließlich genauso.

Für den nächsten Nachmittag hatten sich Justus und der Großvater vorgenommen, am Flugmodell weiterzuarbeiten. Es war ein kühler Frühlingstag, draußen nieselte es. Opa Karl hatte den alten Holzofen in der Werkstatt eingeheizt. Als Justus hereinkam, saß er in seinem abgeschabten Sessel und streichelte Duffy, der behaglich auf seinem Schoß lag. Justus sah sofort, dass ihn etwas bedrückte.

»Setz dich einen Moment zu mir«, sagte Opa Karl. »Ich muss mit jemandem reden.«

Justus nahm auf einer Werkzeugkiste Platz. Der Großvater fuhr sich mit seiner großen faltigen Hand übers Gesicht.

»Ich habe Anton heute das Buch zurückgebracht. *Sonnenhof.*« Er lachte bitter. »Sonnig ist es dort wirklich nicht – und das liegt nicht am Wetter. All diese tristen alten Leute! Ein winziges Zimmerchen hat er, der Anton. Ein Bett, ein Tisch, ein Stuhl, ein Schrank, das war's. Mehr hat er von seinen Sachen nicht untergebracht. Und dabei hat er noch Glück, dass es ein Einzelzimmer ist.«

»Warum ist er überhaupt dort hingezogen? Er hat doch sein Häuschen«, fragte Justus.

»Das dachte ich auch«, erwiderte der Großvater. »Aber als seine Frau gestorben ist, wollten die Kinder ihr Erbe, und Anton hatte nicht genug Geld, sie auszubezahlen. Deshalb musste das Haus verkauft werden.«

Justus sah seinen Großvater entsetzt an. »Das ist ja fies!«

Opa Karl nickte. »Dem Anton ist das Herz gebrochen. All seine Erinnerungen, sein ganzes Leben steckt doch in diesem Häuschen. Und jetzt ist alles weg.«

Justus sah den Container vor sich. »Sperrmüll«, sagte er trübsinnig.

Der Großvater seufzte. »Der Anton auch! Jedenfalls fühlt er sich so. Zu nichts mehr nütze – abgeschoben. Dabei hat er so viel für seine Kinder getan. Er hat ja wirklich nicht viel verdient. Trotzdem hat er alle drei studieren lassen. Hätte er sein Geld mal gespart, dann hätte er ihnen ihr lausiges Erbe ausbezahlen können.«

Opas Stimme klang jetzt so empört, dass Duffy sich erschrocken aufrichtete. Opa Karl setzte ihn auf den Boden und erhob sich ächzend, um ein Stück

Holz nachzulegen. Dann hörte man eine Weile nichts als das Knacken der Scheite im Ofen.

»Ich mach das später mal nicht so«, sagte Justus entschieden.

Der Großvater nickte ihm zu. »Davon bin ich überzeugt. Deine Eltern gehen mit gutem Beispiel voran. Es würde mich nicht wundern, wenn Antons Kinder später von den eigenen Kindern genauso behandelt würden.«

»Das geschieht ihnen dann ganz recht!«, sagte Justus.

Opa Karl ging seufzend zur Werkbank. »Recht ist es dann trotzdem nicht. Es ist ein Teufelskreis. Wenn alle Kinder ihren Eltern etwas von der Liebe zurückgeben würden, die sie bekommen haben, wären viele Menschen glücklicher. Eltern und Kinder!«

Dann half er Justus dabei, die Tragflächen zusammenzubauen und an den Rumpf zu montieren.

Als Justus zum Abendessen in die Küche kam, empfing ihn eine wütende Marie. »Ist der Herr auch schon da?« Die Mutter hatte ihr mitten im Chat mit Emilia das Smartphone weggenommen, damit sie die Spülmaschine ausräumte, und jetzt sollte sie auch noch den Tisch decken. »Hier!« Marie drückte ihrem Bruder gereizt das Besteck in die Hand und schnappte sich ihr Smartphone.

Justus feixte: »Aber gern! ICH helf Mama ja gern!«
Er warf seiner Mutter einen ebenso lammfrommen
wie scheinheiligen Blick zu.

Marie blitzte ihn voller Verachtung an. »Schlei-
mer!«

»Das vierte Gebot!«, belehrte Justus sie mit erho-
benem Zeigefinger, womit er Marie vollends auf die
Palme brachte.

Sie fetzte ihm ein Küchenhandtuch um die Ohren
und rannte aus der Küche.

»Schluss jetzt!« Die Mutter hielt Justus am Arm
zurück und verhinderte damit eine Verfolgungsjagd.
»Müsst ihr euch denn immer in der Wolle haben?«

Schmunzelnd hob nun auch der Großvater den
Zeigefinger. »Ganz genau – das vierte Gebot, du
Musterknabe! Schwestern ärgern gehört nicht gerade zu den Dingen, mit denen man seine Eltern erfreut.«

»Schade, wo es doch so viel Spaß macht!«, erwiderte Justus und deckte grinsend das Besteck auf.

Fünftes Kapitel

Sich mit Marie zu zanken, machte Justus nicht viel aus. Er fand das völlig normal. Warum regten sich seine Eltern bloß immer so darüber auf? Eigentlich verstand er sich mit seiner Schwester ziemlich gut, auch wenn sie manchmal ganz schön rumzickte. Außerdem – sie waren beide nicht nachtragend und versöhnten sich doch sowieso immer schnell.

In der Schule war das ganz anders. Da gab es oft ernsthaft Zoff. Da gab es Typen, die ganz bewusst Streit suchten und sich dabei immer an schwächere und jüngere Schüler hielten.

Justus hatte sich einmal verdreschen lassen, damals am Schultor. Dann hatte er im Sportverein mit Karate angefangen. Blöd nur, dass er nicht angreifen durfte, wenn ihn einer anpöbelte. Das hatte ihnen Fabian, der Karatelehrer, eingeimpft: »Verteidigen ja – aber nur wenn euch jemand körperlich attackiert. Angriff –

nein! Ich bilde keine Raufbolde aus. Wenn mir da was zu Ohren kommt, fliegt derjenige sofort aus dem Training.«

Einmal hatte Justus dann aber doch Gelegenheit gehabt, einen von diesen Mistkerlen aufs Kreuz zu legen. Der Typ hatte versucht, ihm einen Schokoriegel abzuknöpfen, und war handgreiflich geworden, als Justus Widerstand leistete. Mann, hatte der blöd geschaut, als er plötzlich vor allen anderen den Boden küsste! Seither hatte Justus Ruhe. Die Blamage wollte keiner von diesen aufgeblasenen Flaschen erleben. Sie hielten sich lieber an Schüler, die sich nicht wehren konnten.

Seit ein paar Wochen war Justus Streitschlichter und trug in den Pausen eine Banderole mit dem Friedenszeichen am Ärmel. Herr Melzer hatte extra einen Psychologen an die Schule geholt, um einige ausgewählte Schüler zu Streitschlichtern auszubilden.

»Ihr müsst die Streithähne miteinander ins Gespräch bringen. Lasst sie über ihre Gefühle reden!«, hatte der gesagt. »Reden und Schlagen, das passt nicht zusammen.«

Dann hatte er ihnen noch ein paar Kniffe erklärt, wie man in so einem Gespräch vermittelte. Manchmal klappte das auch ganz gut. Justus hatte schon öfter die Erfahrung gemacht, dass die Wut auf beiden

Seiten kleiner wurde, wenn jeder von dem anderen
etwas erfuhr. Aber manche konnten nicht reden. Denen fiel einfach nichts anderes ein, als zu stänkern
und zu prügeln.

Marcel und Luis aus der Siebten waren zwei solche
Typen. An denen hatte sich Justus mit seinen Schlich-
tungsversuchen schon ein paar Mal die Zähne ausge-
bissen.

Heute war es wieder mal so weit. Die beiden hatten Lenny aus der Dritten in der Mangel. Zwei Mädchen aus Lennys Klasse hatten Justus zu Hilfe geru-
fen. Offenbar hatten Marcel und Luis Lust auf Zoff
gehabt. Marcel hatte eine leere Coladose auf den Boden geworfen und Lenny befohlen, sie aufzuheben.
Als ihm Lenny heldenhaft den Vogel zeigte, zerrten
die beiden den zwei Kopf kleineren Brillenträger
hinter den Fahrradschuppen, um ihn ungestört trak-
tieren zu können.

Justus rannte auf sie zu. »Hört auf!«

»Hau ab, du Idiot!«, rief Luis ihm entgegen.

Marcel lachte ihn herausfordernd an. In einer
blitzschnellen Bewegung entriss er Lenny die Brille
und wedelte triumphierend damit herum. Lenny
wehrte sich nach Kräften, aber der viel stärkere Luis
hielt ihm den Mund zu und umklammerte ihn so
fest, dass er sich unmöglich befreien konnte. Doch

plötzlich heulte Marcel auf. Lenny hatte ihn getreten und offenbar an einer Stelle erwischt, wo es verdammt wehtat. Fast gleichzeitig klirrte es und die Brille zerbarst auf dem Asphalt.

Jetzt war Marcel nicht mehr zu bremsen. Er holte aus und traf Lenny mitten ins Gesicht. Blut schoss aus Lennys Nase, er brüllte wie am Spieß. Aber das genügte Marcel nicht. Während Luis Lenny weiter festhielt, trat er in blinder Wut auf ihn ein. Die beiden Mädchen, die das Schauspiel entsetzt verfolgt hatten, rasten los, einen Lehrer zu Hilfe zu holen.

Justus wusste: Jetzt musste er eingreifen! Er stürzte sich auf Marcel. Der ließ verblüfft von Lenny ab und ehe er sich versah, knallte er schon auf den Boden. Wutschnaubend rappelte er sich hoch und versuchte, Justus mit den Fäusten zu treffen. Doch der wich geschickt aus und legte den weit größeren Jungen gleich ein zweites Mal flach. Gerade da kamen die Mädchen mit Herrn Seewald, dem Sportlehrer, zurück.

»Schlagen sich die Streitschlichter neuerdings auch?«, fuhr der Lehrer Justus an.

»Er hat angefangen!«, rief Luis, der Lenny sofort losgelassen hatte, und zeigte auf Justus. Dann schrieen alle durcheinander. Es dauerte eine Weile, bis Herr Seewald einigermaßen durchschaut hatte, was vorgefallen war. Lenny bekam vor Schluchzen kaum etwas heraus und die aufgeregten Mädchen verhaspelten sich andauernd, während Marcel und Luis lauthals dazwischenbrüllten.

Noch schwer aufgewühlt kam Justus heim. Wie immer, wenn seine Mutter und Marie über Mittag nicht da waren, war heute Werkstattpicknick angesagt.

Opa Karl hatte auf dem gusseisernen Ofen Wasser gekocht und Wiener heiß gemacht. Grußlos pfefferte Justus seinen Schulrucksack in die Ecke. Duffy lief schwanzwedelnd auf ihn zu.

»Guten Tag, lieber Opa«, sagte sein Großvater stirnrunzelnd und stellte den Topf mit den Würsten auf die Werkbank.

»Sorry«, entschuldigte sich Justus. »Hallo, Opa!«

Opa Karl schnitt ein Brötchen auf, klemmte zwei Wiener dazwischen und reichte es seinem Enkel.

Justus schwang sich auf die Hobelbank und biss hinein. Dann zwickte er ein Wurstende ab und warf es Duffy zu, der begeistert danach schnappte. Hier in der Werkstatt durfte man das. Hier konnte man krümeln und rumschmieren. Hier sagte keiner was. Wie gut tat es, hier zu sein.

Opa Karl sah ihn prüfend an. »War heute was?«

Justus nickte. »Riesenzoff!« – Mann, Opa kannte ihn wirklich genau!

Während sie mit Duffys Unterstützung die Würstchen verspeisten, erzählte Justus von dem Vorfall auf dem Pausenhof.

»Und was ist jetzt mit Marcel und Luis?«, fragte der Großvater, als Justus fertig war.

»Die kriegen einen Verweis und die Brille müssen sie ersetzen. Aber das machen die ja sowieso nicht. Und der Verweis juckt die nicht die Bohne. Die können schon die Wohnung mit ihren Verweisen tapezieren.«

Sein Großvater dachte eine Weile nach. »Das fünfte Gebot«, sagte er dann.

Justus sah ihn verwundert an. »Du sollst nicht töten?« Er schüttelte den Kopf. »Lenny lebt zum Glück noch. Obwohl, wenn ich mich nicht eingemischt hätte – das hätte übel ausgehen können.«

Opa Karl fegte mit der Hand die Krümel auf den Boden. Duffy schnupperte daran, ließ sie dann aber enttäuscht liegen.

»Gewalt tötet die Liebe«, sagte der Großvater. »Die fünfte Regel heißt: **Wende keine Gewalt an!**«

Justus sprang von der Werkbank herunter. »Na super! Das sag ich denen gleich morgen. Die lachen sich schlapp.«

Opa Karl holte den Modellflieger aus dem Regal.

»Davon muss man wohl ausgehen. Sie haben ja auch nichts anderes.«

Justus sah ihn fragend an.

Sein Großvater nickte gedankenvoll. »Bestimmt kommen die beiden nicht gerade aus den besten Verhältnissen, wenn ihre Eltern sich so gar nicht um die Verweise kümmern. – Hab ich recht?«

»Die wohnen drüben in der Siedlung«, sagte Justus. »Aber mehr weiß ich auch nicht.«

Opa Karl nahm eine alte Schürze vom Wandhaken. »Bind die mal besser um!« Dann reichte er ihm eine Dose Grundierung und einen Schraubenzieher. »Mach den Deckel damit ab! Aber Vorsicht!«

Er lehnte sich mit verschränkten Armen an die Werkbank und sah Justus zu. »Ich hatte übrigens auch so einen Schulkameraden. Ralf hieß der. Schlimm war das mit dem! Was haben wir uns vor dem gefürchtet! Aber eigentlich war er ein armer Kerl. Die Eltern haben sich einen Dreck um ihn gekümmert. – Alkohol, weißt du? – Einerseits konnte er machen, was er wollte. Andererseits hat er daheim oft dermaßen Prügel gekriegt, dass er grün und blau in die Schule kam.«

Der Großvater schüttelte den Kopf. »Das ist bestimmt keine Erziehung! So lernen Kinder nur eines: Der Stärkere hat die Macht.«

Justus hatte es geschafft, die Dose zu öffnen, ohne sich zu bekleckern. Er sah hoch. »Mit den meisten kann man reden, wenn es Ärger gibt. Aber es gibt welche, da geht gar nichts mit Schlichten.«

Opa Karl nahm einen Pinsel, tauchte ihn in die weiße Grundierung und strich mit gleichmäßigen Bewegungen die rechte Tragfläche ein. »Nicht zu viel Farbe nehmen und nicht zu dick auftragen!«, sagte er und reichte Justus den Pinsel. »Schlichten ist deshalb so schwierig, weil sie nie gelernt haben, über ihre Gefühle zu sprechen«, knüpfte er wieder an das Gespräch an. »Daheim redet ja keiner mit ihnen. Das Erste, das man ihnen beibringen müsste, ist, über ihre Wut zu sprechen. Vor allem müssen sie lernen: Gewalt erzeugt immer nur neue Gewalt. Und all diese Gewalt richtet sich letztlich gegen sie selbst. Gewalt tötet die Liebe und erzeugt Hass. Wer hasst und gehasst wird, kann nicht glücklich sein.«

Ganz in Gedanken arbeitete Justus weiter. »Opa«, fragte er dann. »War es falsch, dass ich mich eingemischt habe? Ich meine, ich hab ja auch Gewalt angewendet.«

Opa Karl dachte einen Moment nach. »Nein«, sagte er schließlich. »Du hattest keine andere Wahl. Das fünfte Gebot hat nichts mit Feigheit und Gleichgültigkeit zu tun. Es wäre feig und unrecht gewesen,

Lenny diesen beiden Kerlen zu überlassen. Schwächeren müssen wir zur Seite stehen!«

Justus nahm sich die zweite Tragfläche vor. Er dachte an Marcel und Luis. Was die wohl jetzt gerade machten? Obwohl er sie nicht ausstehen konnte, taten sie ihm plötzlich fast ein bisschen leid. Sie hatten heute bestimmt kein Werkstattpicknick mit dem besten Opa der Welt gehabt.

Heute war der Vater für das Abendessen verantwortlich. Justus hatte sich Gulasch gewünscht. Er fand, Papa machte definitiv das beste Gulasch der Welt! Marie war allerdings weniger begeistert. Für sie hieß das Nudeln mit Ketchup, sie aß ja kein Fleisch.

Als Justus sich den zweiten Teller Gulasch auflud, schnitt Marie eine Grimasse. »Totes Tier in Stücken – Mahlzeit!«

Ihr Vater hob die Augenbrauen. »Marie! Willst du uns den Appetit verderben?«

Marie quetschte Ketchup über ihre Nudeln. »Ist doch wahr. Tiere sind auch Lebewesen, man muss ja schließlich kein Fleisch essen. Es geht auch ohne.« Sie deutete auf ihren Teller.

»Und wer hat gestern die arme kleine Spinne zertreten, die sich in den Flur verlaufen hatte?«, erwiderte ihre Mutter hörbar genervt.

Marie wurde rot. Bei Spinnen brach sie immer gleich in Panik aus.

Justus lehnte sich großspurig zurück. »Ja, ja, das fünfte Gebot!«

Marie stocherte gereizt in ihren Nudeln. »Was du jetzt bloß immer mit deinen Geboten hast! Du wirst bestimmt noch Pfarrer!«

Justus grinste. Mit Fingern wie Spinnenbeine krabbelte seine Hand über den Tisch auf Maries Arm. »Vorsicht, Marie! Eine Spinne!«

Angeekelt schlug sie seine Hand weg und warf dabei die Ketchupflasche auf den Boden. Sofort stürzte sich Duffy auf die Tomatenpfütze. Justus prustete los.

»Idiot«, schrie Marie und trat Justus mit aller Wucht gegen das Schienbein.

Justus jaulte auf.

»Schluss jetzt!«, brüllte der Vater und schlug mit der Faust auf den Tisch.

Justus riss sich zusammen, obwohl er Marie zu gern auch eine verpasst hätte. Er rieb sich das Bein.

»Ich wende keine Gewalt an«, sagte er milde lächelnd, womit er Marie nur noch weiter aufbrachte.

Opa Karl, der alles wortlos verfolgt hatte, nahm seinen Enkel ins Visier. »Jemanden zu Gewalt herauszufordern, ist genauso schlimm.«

Das Gesicht der Mutter verfinsterte sich. »Mir reicht's! Geht in eure Zimmer. Fernsehen und PC könnt ihr für heute vergessen! – Und dein Smartphone bleibt auch hier, Marie!«

Maulend zog Marie ab. Justus war das Fernsehverbot egal und ein Smartphone hatte er nicht. Marie hatte ihres zum Geburtstag bekommen. Seine Eltern waren – warum auch immer – der Meinung, für ein Smartphone müsse man mindestens dreizehn sein. Zwar durfte er an den alten Familien-PC, aber die paar Spiele, die sie hatten, kannte er schon in- und auswendig und von Internetspielen hielt Papa leider gar nichts. – Außerdem musste er sowieso noch Hausaufgaben machen.

Also verkrümelte er sich in sein Zimmer, um Vokabeln zu lernen. Doch seine Gedanken schweiften immer wieder ab. Jemanden zu Gewalt herauszufordern, ist genauso schlimm, hatte Opa gesagt. Justus seufzte. Manchmal ritt ihn wirklich der Teufel. Warum machte es ihm nur so viel Spaß, seine Schwester zur Weißglut zu bringen? Er klappte das Englischbuch zu und ging zu ihr hinüber.

Marie lag auf ihrem Bett und las. Erschrocken fuhr sie hoch, als es klopfte und Justus auch schon im Zimmer stand.

»Raus!«, fauchte sie ihn an.

Justus trat einen Schritt vor. »Reg dich ab! Wollte nur sagen: Entschuldigung wegen der Spinnensache.«

Marie starrte ihn an, als sei er ein Alien. Bisher hatte Justus sich noch nie freiwillig bei ihr entschuldigt. Und außerdem – sie hatte ihm einen ordentlichen Tritt verpasst. Eigentlich waren sie doch quitt.

Für einen Moment war es ganz still im Zimmer. »Okay«, sagte sie schließlich und räusperte sich. »Und dein Bein?«

Justus krempelte die Hose hoch. Ein dicker blauer Fleck kam zum Vorschein.

Marie lächelte verlegen. »Tut mir auch leid!«

Justus winkte ab. »Schon gut! Also dann – Friede!«

»Friede«, sagte Marie. »Aber jetzt verzieh dich! Mein Buch ist grade so spannend.«

Sehr mit sich zufrieden schlenderte Justus in sein Zimmer zurück. Er dachte an den Streitschlichter-Psychologen. Der wäre jetzt bestimmt stolz auf ihn gewesen.

Sechstes Kapitel

Der Frieden zwischen Justus und seiner Schwester hielt tatsächlich eine Weile an. Marie hatte dafür mit einem anderen Problem zu kämpfen, das ihr offenbar schwer zu schaffen machte.

Einige Tage später saß sie beim Mittagessen und stocherte lustlos auf ihrem Teller herum. Dabei gab es Pfannkuchen, in die sie sich sonst am liebsten reinlegte.

Ihre Mutter sah sie prüfend an. »Was ist denn mit dir los?«

Marie schob den Teller weg. »Mit Emilia ist es aus und vorbei!«, stieß sie hervor.

Alle sahen sie erstaunt an. Emilia war schon seit dem Kindergarten Maries beste Freundin. Sie saßen in der Schule nebeneinander und verbrachten fast ihre ganze Freizeit zusammen – wenn nicht persönlich, dann im Chat.

Die Mutter warf ihr einen besorgten Blick zu. »Wieso?«

Marie verzog den Mund. »Weil sie sich an die Neue ranschmeißt. Für mich hat sie auf einmal keine Zeit mehr. Sie hat der blöden Kuh sogar das Freundschaftsarmband gegeben, das ich für sie geflochten hab. Heute hatte es die Neue um. Stellt euch vor, Emilia hat es gegen ein Shirt von *Valentino* eingetauscht.«

Justus angelte nach einem zweiten Pfannkuchen. »So eine Gemeinheit!«

»Das ist wirklich nicht sehr nett«, sagte die Mutter. »So etwas tut weh. – Aber was ich nicht verstehe, dieses Markenshirt war doch bestimmt sehr teuer. Ich meine, das Glasperlenarmband ist, wenn man es rein materiell betrachtet, doch nicht annähernd so viel wert.«

Maries Augen funkelten. »Es ist viel mehr wert! Es ist schließlich ein Geschenk von mir! Diese Hanna scheint in Geld zu schwimmen. Sie kauft sich ihre Freundinnen. Alle laufen hinter ihr her. Und Emilia fällt genau wie die anderen voll auf sie rein.« Eine Wutträne rollte über ihr Gesicht.

Der Großvater strich sanft über ihre Hand. »Das mit dem Armband ist wirklich sehr verletzend.« Seine Stimme klang weich und mitfühlend.

Marie ließ den Kopf auf die Arme sinken und begann bitterlich zu weinen. Duffy lief zu ihr und stupste sie mit der Nase. Die Mutter steckte ihr ein Taschentuch zu. Justus sah seinen Großvater hilflos an. Er wusste nie, was er tun sollte, wenn Mädchen weinten.

»Das sechste Gebot«, sagte Opa Karl.

Justus verstand nicht. »Das heißt doch: Du sollst nicht ehebrechen! – Emilia ist ja nicht mit Marie verheiratet.«

Marie hob den Kopf und putzte sich die Nase.

»Im sechsten Gebot geht es um Vertrauen«, sagte sein Großvater. »Es könnte auch heißen: **Enttäusche Vertrauen nicht!** Emilia hat Marie schwer enttäuscht, als sie den Tausch gemacht hat. Ein Freundschaftsbeweis, wie ein selbst gemachtes Freundschaftsarmband, ist etwas ganz Besonderes.«

Marie verfolgte das Gespräch mit tränennassen Augen.

»Aber warum kann Emilia denn nicht auch mit dieser Hanna befreundet sein?«, fragte Justus. »Man kann doch mehrere Freunde haben.«

Opa Karl nickte. »Sicher, man kann mehrere Freunde haben. Aber man muss verlässlich sein. Eine Freundschaft ist – wie eine Ehe auch – ein unsichtbares Band zwischen zwei Menschen. Da gibt es Dinge, die nur zu diesen beiden gehören. Das Perlenarmband ist so etwas. Das gibt man nicht weiter.«

Die Mutter nickte. »Eigenartig«, sagte sie. »Du hast völlig recht, Vater. Das sechste Gebot ist das Vertrauensgebot. Darüber habe ich nie richtig nachgedacht. Wenn jemand untreu wird, bricht er das Eheversprechen und enttäuscht das Vertrauen seines Ehepartners. Er verschenkt nämlich etwas, das nur dem Ehepartner gehört: die Vertrautheit der körperlichen Nähe.

Marie schniefte und steckte das Taschentuch weg. Dann richtete sie sich trotzig auf. »Ich brauch Emilia nicht! Soll sie doch mit ihrer Hanna glücklich werden!«

Nachdem er die Hausaufgaben erledigt hatte, ging Justus zum Schuppen. Sein Großvater, der gerade dabei war, für Mama ein kleines Kellerregal zu bauen, sah ihn erstaunt an. »Gehst du heute nicht ins Hallenbad?«

Justus schüttelte den Kopf. »Keine Lust. Ich geh da nicht mehr hin.«

Er presste die Lippen zusammen. Anfangs war er wahnsinnig gern zum Wasserball gegangen, im Schwimmen war er immer gut gewesen und ein guter Torjäger war er auch. Und er fand Nico, den Trainer, cool. – Anfangs! Nico war Ende dreißig und ließ sich duzen, ein richtiger Kumpel, mit dem man herumalbern und Wasserkämpfe ausfechten konnte. Aber in letzter Zeit fühlte sich Justus beim Training nicht mehr wohl.

Der Großvater stellte den Modellflieger auf die Werkbank und zeigte Justus, wie man die getrocknete Grundierung mit einem feinen Schleifpapier für den Lack vorbereitete. Er sah Justus eine Weile zu, dann fragte er plötzlich: »Und wieso gehst du jetzt nicht mehr zum Wasserball?«

Justus fuhr zusammen, dann zuckte er stumm mit den Schultern.

Opa Karl wunderte sich. »Möchtest du darüber nicht sprechen?«

»Es ist peinlich«, brummelte Justus und fuhr hektisch über die Tragflächen.

»Anschleifen! Nicht abschleifen!«, ermahnte ihn sein Großvater. Er sah seinen Enkel prüfend an. »Peinlich?«

Justus legte den Flieger aus der Hand. »Das mit dem Duschen«, sagte er verlegen. »Nico will jetzt immer, dass wir uns ganz ausziehen, und dann will er uns auch noch abseifen. Ich hasse das!«

»Wo will er euch abseifen?« Die Stimme seines Großvaters klang beunruhigt.

»Überall eben«, antwortete Justus leise. »Nico sagt,

damit das Wasser im Becken sauber bleibt. Und wir sollen uns nicht so anstellen.«

Opa Karl atmete tief durch. »Das lasst ihr euch gefallen?«

»Nicht alle. Ich hab auch gleich den Abflug gemacht. Aber manche trauen sich nicht, abzuhauen.«

Sein Großvater schüttelte entsetzt den Kopf. »Und warum erzählst du das erst heute?«

»Nico sagt, alles, was im Team passiert, geht keinen Außenstehenden was an. Er nennt das Teamgeist, und wer keinen Teamgeist hat, wird ausgeschlossen.« Justus schluckte. Es tat gut, sich das Ganze endlich mal von der Seele zu reden.

Opa Karl dampfte vor Wut. »Mit Teamgeist hat das jedenfalls nichts zu tun, aber mit dem sechsten Gebot eine Menge! Dieser Nico hat euer Vertrauen auf schlimmste Weise missbraucht!«

Justus nickte. »Deshalb geh ich da auch nicht mehr hin.«

Mit wütenden Schlägen klopfte der Großvater einen Nagel ins Regal. Dann knallte er den Hammer auf die Werkbank. »Niemand hat das Recht, einen anderen zu berühren, wenn der das nicht will. Und schon gar nicht an gewissen Stellen! Wer so etwas mit Kindern macht, ist ein Verbrecher. Ich werde dafür sorgen, dass dieser Kerl aus dem Verkehr gezogen wird. Gleich heute noch ruf ich Uwe an, der ist Altersvorstand im Sportverein. Der wird sich schon darum kümmern.«

»Kriegt Nico jetzt Ärger?«, fragte Justus unsicher.

»Darauf kannst du dich verlassen! Dieser Nico braucht dir nicht leidzutun. Er hat euer Vertrauen schwer missbraucht. Nur er allein ist für sein Tun verantwortlich und muss die Konsequenzen tragen. Wer die Regeln bricht, macht sich selbst auch unglücklich.«

Justus schliff nachdenklich an der Grundierung. *Die Anleitung für ein glückliches Leben* – von Tag zu Tag verstand er besser, worum es ging.

Siebtes Kapitel

In den kommenden Tagen wurde das Wetter besser. Man konnte den Frühling richtig riechen.

»Opa und ich fahren zum Baumarkt rüber. Die haben preiswerte Gartenmöbel im Angebot. Will jemand mit?«, fragte die Mutter nach dem Mittagessen.

Marie, die sich sonst aus solchen Familienaktionen nicht viel machte, nickte. Seit sie sich mit Emilia verkracht hatte, war sie kaum aus dem Haus gekommen. Auch Justus war sofort dabei. Ein Baumarkt war schließlich kein Klamottenladen. Nur Duffy war alles andere als begeistert. Er durfte nicht mit. Beleidigt machte er sich vor der Tür so breit, dass alle über ihn drübersteigen mussten.

Das Geschäft, zu dem sie fuhren, lag am anderen Ende der Stadt. Bei einem Blick in den Rückspiegel sah die Mutter, wie Marie trübsinnig aus dem Fenster starrte. »Willst du dich nicht allmählich wieder mit Emilia vertragen?«

Marie schüttelte heftig den Kopf. »Die schwänzelt doch nur noch um Hanna rum. Die muss im Lotto gewonnen haben. Heute hat sie die halbe Klasse ins Kino eingeladen.«

»Und dich nicht?«, fragte die Mutter.

»Ne! Ich lass mich doch von so einer nicht bestechen!« Jetzt kam Marie richtig in Fahrt. »Möchte mal wissen, wo sie die ganze Kohle hernimmt. Ihr Vater hat sie neulich in einem Lieferdienstwagen von der Schule abgeholt, reich sind die bestimmt nicht.«

Ihre Mutter zuckte mit den Schultern. »Wer weiß. Aber es sieht wirklich fast so aus, als wolle sie sich die Freundschaft ihrer neuen Mitschüler erkaufen.«

Marie schnaubte verächtlich. »Wahrscheinlich ist das ganze Geld ja sowieso geklaut.«

Der Großvater drehte sich zu ihr um. »Moment mal, Marie! Sei vorsichtig mit solchen Anschuldigungen!«

Noch ehe Marie darauf antworten konnte, platzte Justus heraus: »Heute ist aber tatsächlich Geld in der Schule geklaut worden. Herr Becker hat bei uns Lektüregeld eingesammelt. Faruk und Felix haben es nach der Stunde ins Sekretariat gebracht. Weil aber die Sekretärin nicht da war, legten sie es einfach auf den Tresen. Sie mussten sich nämlich beeilen, weil wir anschließend Sport hatten und sich der Seewald immer tierisch aufregt, wenn einer zu spät kommt.«

Marie sah ihn ungeduldig an. »Und dann?«

»Also«, fuhr Justus fort, »der Becker hat die Sekretärin nach der Pause gefragt, ob sie sich um die Überweisung gekümmert hat, aber die hatte keinen Schimmer von einem Kuvert mit Geld. – Nach der Sportstunde kam der Becker dann voll wütend ins Klassenzimmer gerast und hat sich Faruk und Felix vorgeknöpft.« Justus stöhnte auf. »Mann, das war echt das Letzte! Dabei ist doch völlig klar – die zwei haben das Geld hundertpro nicht geklaut. Die sind ja nicht bescheuert!«

Marie hing an seinen Lippen. »Wann war das?«

Justus überlegte einen Moment. »Nach der vierten Stunde, glaub ich.«

Maries Mund verzog sich zu einem bissigen Grinsen. »Da ist Miss Spendabel aufs Klo gegangen. Ich weiß das deshalb so genau, weil wir heute eine Geschichtsarbeit geschrieben haben und Frau Gerhard sie zuerst nicht rausgehen lassen wollte.«

Justus nickte aufgeregt. »Dann könnte diese Hanna es gewesen sein. Wär ja auch kein Wunder, da sie so mit Geld rumwirft.«

Nun war es die Mutter, die die beiden zur Ordnung

rief. »Hört auf damit! So einen Verdacht darf man nur äußern, wenn man hieb- und stichfeste Beweise hat. Habt ihr die?«

Justus schwieg enttäuscht. Nein, Beweise hatten sie nicht. Auch Marie schwieg, aber in ihren Augen flackerte etwas.

Der Großvater wandte sich erneut zu ihnen um. »Womit wir heute schon wieder bei einem der Zehn Gebote wären!«

Justus nickte. »*Du sollst nicht stehlen!*«

»Richtig, das siebte Gebot«, bestätigte der Großvater. »**Nimm nichts, was dir nicht gehört!**«

Justus schnaubte. »So was ist aber auch echt eine Gemeinheit! Faruk und Felix haben jetzt voll Ärger an der Backe. Der Becker sagt, dass sie schuld sind, weil sie das Geld einfach so hingelegt haben.«

»Müssen die das jetzt bezahlen?«, fragte Marie.

Justus schüttelte den Kopf. »Das übernimmt wahrscheinlich die Schule – von den Elternspenden. Der Becker sagt, die Versicherung zahlt nicht bei Fahrlässigkeit. Es war ja kein Einbruch. Der Umschlag lag einfach da.«

Die Mutter blickte kurz nach hinten. »Der Dieb, wenn es denn Diebstahl war, hat also nicht nur eure Klasse bestohlen, sondern auch noch die Schule, die das Geld jetzt ersetzt.«

Justus nickte. »Dabei bräuchten wir im Pausenhof dringend einen neuen Basketballkorb. Das alte Ding ist völlig hinüber.«

Inzwischen hatten sie den Baumarkt erreicht. Es herrschte reger Betrieb, der Parkplatz war voll. Die Mutter musste eine ganze Weile herumfahren, bis sie ein älteres Ehepaar entdeckte, das gerade in den Wagen stieg. Sie wartete in gebührendem Abstand, um dem alten Herr das Herausfahren zu erleichtern. Aber noch ehe sie einparken konnte, steuerte eine Frau ihren Kleinwagen direkt vor ihrer Nase in die Lücke. Die Mutter machte eine Vollbremsung. »So eine bodenlose Frechheit!« Sie warf der Fahrerin einen wütenden Blick zu.

»Schon wieder das siebte Gebot!«, stellte der Großvater fest.

»Aber dafür kommt man nicht ins Gefängnis«, sagte Marie.

Opa Karl zuckte mit den Schultern. »Diebstahl hat viele Gesichter. Wenn wir alle, die es mit dem siebten Gebot nicht so genau nehmen, einsperren würden, gäbe es bald mehr Gefängnisse als Supermärkte.«

»Also ICH hab noch nie was geklaut«, entgegnete Justus.

»Bist du da so sicher?« Der Großvater schnallte

sich ab, sie hatten endlich doch noch einen Parkplatz gefunden.

»Da vorn, das müssen sie sein!« Die Mutter marschierte zielstrebig auf die Gartenmöbelausstellung zu. Sie war fest entschlossen, die vergammelten Plastikmöbel auf der Terrasse durch wetterfeste Hartholzmöbel zu ersetzen. Genau die, die der Baumarkt zu einem Superpreis im Werbeblättchen anbot. Der Großvater hatte zwar Bedenken angemeldet – als Schreiner hielt er grundsätzlich nicht viel von Massenware und hätte die Gartenmöbel viel lieber selbst gebaut –, aber er hatte es sich nicht nehmen lassen, seine Tochter beim Kauf zu beraten.

Zu der Sitzgruppe gehörten ein großer Tisch, drei Stühle und eine Bank.

Opa Karl strich prüfend über die Tischplatte. »Tropenholz. Ordentlich verarbeitet und geradezu unverschämt billig«, stellte er fest. »Trotzdem bin ich dagegen.«

»Aber Vater«, protestierte die Mutter. »Warum denn?«

»Weil es nicht in Ordnung ist!«, antwortete er.

Justus sah ihn fragend an. »Was soll daran nicht in Ordnung sein?«

»Dieses Holz kommt aus Afrika, Südamerika oder Asien. Auf jeden Fall aus einem Land, in dem die meisten Menschen ums Überleben kämpfen und sich für Hungerlöhne abrackern. Dabei könnten wir hier es uns eigentlich leisten, etwas mehr zu bezahlen. Außerdem werden für solche Möbel Urwälder abgeholzt und das verändert wieder das Klima. Dann regnet es dort weniger und es wächst kein Getreide mehr.«

Er nahm das Preisschild in die Hand und schüttelte finster den Kopf. »Schon wieder das siebte Gebot! Wir haben kein Recht, anderen Menschen die Umwelt zu zerstören und ihre Arbeitskraft auszubeuten. Das ist auch eine Form von stehlen.«

»Aber Opa«, meldete sich nun Marie, die in einer Hollywoodschaukel die Beine baumeln ließ. »Das Holz hier ist doch schon längst gefällt. Ob *wir* es nun kaufen oder jemand anderes, ist doch wirklich egal.«

»Eben nicht! Je mehr Leute das Zeug kaufen, desto mehr wird davon hergestellt, ist doch eigentlich logisch«, entgegnete der Großvater.

Dann schlug er mit der Hand auf den Tisch. »Wisst ihr, was? Für den Preis, den diese Billigware kostet, besorge ich bei meinem alten Freund Schmitt Lärchenholz. Das wächst hier bei uns und ist enorm widerstandsfähig. Und dann bau ich die neuen Gartenmöbel eben doch selbst. Sobald der Flieger fertig ist, hilft mir Justus bestimmt dabei.« Er nickte seinem Enkel zu.

Justus hob begeistert den Daumen. »Logo!«

Nach dem Abendessen saßen der Vater und Opa Karl im Wohnzimmer und sahen sich die Nachrichten an. Justus holte seine Probenmappe und den Zettel, den ihm Noah heute gegeben hatte. Als er eintrat, lief Duffy gespannt auf ihn zu, hatte Justus vielleicht etwas Essbares mitgebracht? Aber Justus schüttelte den Kopf. »Sorry, Duffy, das ist für Papa.« Damit drückte er seinem Vater den Zettel in die Hand.

»Was ist das?«, fragte der Vater.

»Eine Website, auf der man Onlinespiele runterladen kann. Noah hat das neue *Star Racer*, das will ich auch, dann können wir online spielen. Das wäre supercool!«

Sein Vater runzelte die Stirn. »Und was kostet dieses Spiel?«

Justus zeigte auf den Zettel. »Noah sagt, wenn man es dort herunterlädt, kostet es nichts.«

»Das kommt mir höchst zweifelhaft vor«, sagte der Vater. Er griff nach seinem Laptop, schaltete ihn ein und tippte die Adresse in den Browser. Kaum hatte sich die Seite geöffnet, klappte er den Rechner hastig zu.

Justus sah ihn fragend an. »Was ist?«

»Das ist ein Portal für illegale Downloads. Ich werde jedenfalls kein gecracktes Spiel herunterladen und mich strafbar machen.«

Justus ließ die Schultern hängen. »Mann! Was soll das denn sein – *gecrackt*?«

Sein Vater legte den Laptop zur Seite. »Normalerweise braucht man eine Nummer, für die man bezahlt, um ein Spiel freizuschalten. Ausgefuchste Computerfreaks können eine Software aber so cracken, also überlisten, dass sie ohne diesen Programmschutz läuft. – Woher hat Noah diese Adresse eigentlich?«

»Von John, dem neuen Freund seiner Mutter. Der hat das Spiel auf Noahs Computer installiert«, sagte Justus enttäuscht. »Was ist so schlimm daran?«

»Noch nie was von geistigem Diebstahl gehört?«, fragte ihn sein Vater.

Justus zog eine Schnute. »Aber das machen doch alle!«

»Wenn viele etwas Falsches tun, wird es dadurch nicht richtig«, gab sein Vater spitz zurück. »Bis so ein Spiel programmiert ist, muss man eine Menge Geld reinstecken. Deshalb ist Software das geistige Eigentum der Firma, die sie herstellt und vom Gesetz vor rechtswidriger Nutzung geschützt.«

Justus war klar, es hatte keinen Sinn, weiterzubohren, Papa war sowieso gegen Online-Spiele. »Man hat keine Kontrolle, wer sich da im Internet tummelt. Nicht alle haben auch gute Absichten«, hatte er neulich gesagt. »Solche Spiele sind eine gute Gelegenheit, sich an Kinder ranzumachen.«

Enttäuscht zog Justus den Aufsatz, den sie heute zurückbekommen hatten, aus der Mappe. Eine große Zwei stand oben rechts. Vielleicht wäre es schlauer gewesen, Papa die Zwei zuerst zu zeigen? Nein, dachte er dann, das hätte an seiner Meinung über das Spiel sicher nichts geändert.

Mit einem anerkennenden Lächeln überflog sein Vater den Text. »Toll, Justus, eine Zwei in Deutsch!«

Opa Karl stellte den Fernseher leiser. »Gratuliere!«, sagte er. »Übrigens – der Aufsatz ist *dein* geistiges Eigentum. Sicher wäre es dir auch nicht recht, wenn ihn einer einfach abschreibt und dann eine gute Note dafür kassiert. Wie ich heute schon gesagt habe: Diebstahl hat viele Gesichter.«

Der Vater gab Justus das Blatt zurück. »Sag mal …?« Er runzelte die Stirn. »Steht nicht noch eine Mathearbeit aus? Die müsstet ihr doch längst zurückhaben?«

Justus erstarrte. Mist! An die vermurkste Mathearbeit hatte er gar nicht mehr gedacht. Mit einer hektischen Bewegung öffnete er die Mappe, um den Aufsatz zurückzulegen und Bedenkzeit zu gewinnen. Dabei glitt ihm das Blatt aus der Hand und segelte zu Boden. Mit einem Satz stürzte sich Duffy darauf.

Justus bückte sich hastig. »Pfoten weg, Duffy!«, rief er. »Das ist mein geistiges Eigentum!«

Zu seiner großen Erleichterung lenkte Duffys Interesse an dem Aufsatz den Vater von der Mathearbeit ab. Er blickte amüsiert auf den kleinen Hund, der verwirrt mit dem Schwanz wedelte und gar nicht verstand, warum Justus sich wegen eines langweiligen Stück Papiers so aufregte. »Geistigen Diebstahl brauchen wir bei Duffy sicher nicht zu befürchten«, sagte er, »eher schon fleischlichen.«

Obwohl ihn heute den ganzen Tag über das siebte Gebot verfolgt hatte, ging Justus mit Gedanken an das achte Gebot ins Bett. *Du sollst nicht lügen!* Aber war es überhaupt gelogen, wenn man gar nichts sagte?

Achtes Kapitel

Unglücklicherweise besaß Justus' Vater ein ausgezeichnetes Gedächtnis. Gleich am nächsten Morgen fragte er wieder nach der Mathearbeit. Zum Glück klingelte da gerade Noah, um Justus zur Schule abzuholen. Justus sprang vom Frühstückstisch auf und tat, als habe er die Frage nicht gehört. Mann, es wurde immer schwieriger, die miese Mathenote zu beichten!

Am Nachmittag arbeitete er am Flieger weiter, der nun allmählich Gestalt annahm. Heute war die Endlackierung dran, auf die später nur noch die Abziehbilder mit den Emblemen geklebt werden mussten. Die Oberseite der Tragflächen, das Höhenruder und das Vorderteil sollten rot werden, der Rest silberfarben.

Opa Karl stellte eine Lackdose vor ihn hin. »Fang heute mit dem Silbergrau an! Wenn es trocken ist, kleben wir die Kanten ab, danach geht's mit Rot weiter.«

Während Justus sich an die Arbeit machte, zeichnete sein Großvater an einem Entwurf für die Gartensitzgruppe.

Justus' Gedanken kreisten seit gestern Abend immer wieder um die vermasselte Mathearbeit. »Opa«, begann er schließlich. »Wenn man nichts sagt, kann man doch eigentlich gar nicht lügen.«

Der Großvater legte den Stift beiseite und nahm die Brille ab. »Wie meinst du das?«

»Na ja«, druckste Justus herum. »Wenn man eine unangenehme Frage gestellt bekommt und nicht darauf antwortet, lügt man doch nicht. – Oder?«

»Schon wieder die Gebote?«, fragte Opa Karl.

»Irgendwie schon«, sagte Justus. »Es heißt: Du sollst nicht lügen! Aber das setzt doch voraus, dass man was sagt.«

Sein Großvater schmunzelte. »Das achte Gebot könnte aber auch heißen: **Bleib bei der Wahrheit!** Und jetzt mal raus mit der Sprache!«

Justus stellte vorsichtig den Flieger ab und legte den Pinsel weg. »Du weißt doch von der miesen Mathearbeit.«

Opa Karl nickte. »Hast du die etwa immer noch nicht gebeichtet?«

Justus schüttelte beklommen den Kopf.

»Hm, du traust dich wohl nicht, weil du für Mathe nicht genug getan hast. Stimmt's?«

Justus nickte. Opa hatte wieder mal den Punkt getroffen. Normalerweise machten seine Eltern keinen großen Zirkus, wenn er mal eine Arbeit verhaute. Aber diesmal hatte er Mathe trotz aller Ermahnungen schleifen lassen.

»Aber um auf deine Frage zurückzukommen«, fuhr Opa Karl fort. »Klar kann man lügen, wenn man nichts sagt. Sogar dann, wenn eine Frage noch gar nicht gestellt worden ist. Bis gestern Abend hat dein Vater ja überhaupt nicht mehr an die Mathearbeit gedacht. Und trotzdem stand die Frage die ganze Zeit über im Raum. Hab ich recht?«

Justus seufzte. »Wie immer!«

Der Großvater warf ihm einen aufmunternden Blick zu. »Am besten, du machst gleich heute noch reinen Tisch!«

In diesem Moment wurde die Tür aufgerissen, Marie und Emilia stürmten in die Werkstatt. »Dürfen wir mit Duffy Gassi gehen?«, fragte Marie.

Als Duffy seinen Namen hörte und dazu das Zauberwort *Gassi*, flitzte er wie eine Rakete zu den beiden hin.

»Emilia?«, wunderte sich der Großvater.

Emilia lächelte schief. »Wir vertragen uns wieder, stimmt's?« Sie lächelte Marie zu.

»Zum Glück!« Marie strahlte und legte den Arm um Emilia. »Zwischen uns kommt nichts und niemand mehr!«

Emilias Blick verfinsterte sich. »Diese Hanna hat es echt versucht, mit ihren ständigen Geschenken und so. Und ich war so blöd, drauf reinzufallen. Tut mir so leid!« Sie sah Marie verlegen an. »Dabei ist Hanna nur eine Angeberin und was noch viel schlimmer ist – eine Diebin.«

Justus horchte auf. »Dann hat sie das Geld aus dem Sekretariat also doch genommen!«

Emilia nickte. »Wer denn sonst? Marie hat mir alles erzählt. Es passt doch genau! Hanna ist nach der vierten Stunde aus der Klasse gegangen und danach hat sie mindestens zehn Mädchen ins Kino eingeladen. – Sie hat es ganz bestimmt genommen! Die andern sagen das auch.«

Der Großvater hob die Augenbrauen. »Welche andern?«

»Die andern Mädchen in unserer Chat-Gruppe«, sagte Emilia. »Die haben doch auch gesehen, dass sie rausging.«

Opa Karls Augen verengten sich. »Ach so? Und hat jemand beobachtet, wie sie das Geld genommen hat?«

Marie starrte auf ihre Fußspitzen. »Da muss man doch nur eins und eins zusammenzählen«, murmelte sie vor sich hin.

»Na dann.« Die Stimme ihres Großvaters klang beißend. »Entschuldigung, ich wusste nicht, dass meine Enkelin hellsehen kann.«

Duffy saß, bis in die Schwanzspitze gespannt, vor der Tür. Er blickte die Mädchen vorwurfsvoll an. Er wollte los.

Emilia streichelte ihn verlegen, schließlich fragte sie beklommen: »Dürfen wir mit Duffy raus?«

»Nehmt ihn mit«, antwortete Opa Karl eisig und wandte sich wieder seiner Zeichnung zu.

Als die Mädchen draußen waren, herrschte für einen Moment Schweigen. Justus wusste, es widerstrebte Opa zutiefst, dass Emilia und Marie Hanna verdächtigten.

»Ich glaub auch, dass sie es war«, sagte er. »Das kommt schon noch raus.«

»Und wenn nicht?«, fragte Opa Karl. »Dann kann sie einem leidtun. Das achte Gebot gibt es nämlich noch in einer anderen Version: *Du sollst kein falsches Zeugnis ablegen wider deinen Nächsten!* Mit so einer Verdächtigung kann man den Ruf eines Menschen zerstören.«

Justus lackierte nachdenklich die Unterseiten der Tragflächen. »Man bräuchte eben Beweise«, sagte er.

»Ganz genau! Das ist sogar in unserer Rechtsprechung geregelt. *Unschuldsvermutung* nennt man das. Das heißt: Jeder Angeklagte gilt bis zum vollständigen Beweis seiner Schuld als unschuldig.«

Justus zuckte mit den Schultern. »Das versteh ich ja. Wird aber schwer zu beweisen sein, dass es Hanna nicht war.«

»Und ebenso schwer, dass sie es war«, gab Opa Karl zurück.

Ihr Gespräch wurde durch das Zuschlagen des Garagentors unterbrochen. Justus schrak zusammen. »Papa ist da!«

Opa Karl nickte ihm zu. »Dann lauf und leg deine Beichte ab. Dann geht's dir gleich besser!«

Justus wusch den Pinsel umständlich in Verdünner aus und schlich mit sehr gemischten Gefühlen zum Haus hinüber.

Beide Eltern waren in der Küche. Sein Vater nickte ihm gut gelaunt zu. »Und, hast du heute wieder so gute Nachrichten wie gestern?«

Justus schüttelte beklommen den Kopf. »Im Gegenteil!«, sagte er leise.

Mit hängenden Schultern gestand er die schlechte Mathenote. Als sein Vater die Arbeit sehen wollte, musste er dann auch noch zugeben, dass er sie schon längst hatte zurückgeben müssen. »Tut mir echt leid«, sagte er zerknirscht.

Die Donnerfalte auf der Stirn seines Vaters verhieß nichts Gutes. »Ach, wirklich, es tut dir leid«, fuhr er ihn an. »Vom Leidtun wird die Note auch nicht besser. Von jetzt an hört der Schlendrian auf! Gleich morgen bestell ich ein Mathe-Übungsheft. – Du weißt, was ich immer sage?«

»Von nichts kommt nichts!«, murmelte Justus.

Innerlich jedoch atmete er auf. Das war überstanden! Eine Tonnenlast war ihm von der Seele gefallen.

Beim gemeinsamen Abendessen erzählte die Mutter, dass Eisemann anstelle von Frau Henkel eine neue Kollegin eingestellt hatte.

»Sie ist ganz nett und auch tüchtig, glaub ich. Aber ich kann sie kaum in meiner Nähe ertragen.«

Marie sah ihre Mutter neugierig an. »Warum denn?«

Sie seufzte. »Weil sie riecht.«

Justus sah sie fragend an. »Wonach?«

Marie grinste. »Mama meint, sie stinkt.«

Die Mutter hob die Augenbrauen. »Du drückst alles immer so drastisch aus, Marie. Aber es stimmt leider, sie duftet nicht gerade. Aber das weiß sie wahrscheinlich gar nicht. Sich selbst riecht man ja nicht.«

»Dann sag's ihr doch einfach«, schlug Justus vor, während er nach einem Hackklößchen angelte.

Seine Mutter schüttelte entsetzt den Kopf. »Das geht doch nicht!«

Justus zuckte mit den Schultern. »Wieso? Opa sagt, man muss die Wahrheit sagen.«

»So hat er das aber sicher nicht gemeint«, meldete sich nun sein Vater zu Wort. »Die Wahrheit kann auch ganz schön wehtun.«

Justus grinste. »Ich weiß, deshalb wollte ich euch ja auch vor der Fünf verschonen.«

»Junger Mann!« Sein Vater drohte ihm mit der Gabel.

Feixend ging Justus in Deckung.

»Eine Wahrheit, die mehr Schaden anrichtet als nützt, behält man besser für sich«, sagte nun der Großvater. »Man muss immer abwägen. Wenn jemand eine dicke Warze auf der Nase hat, ist es nicht hilfreich, ihn darauf anzusprechen. Schließlich gibt es Spiegel, und der arme Mensch ist wahrscheinlich ohnehin unglücklich darüber. – Das mit der neuen Kollegin aber ist schwierig. Ich denke, man sollte es ihr schon irgendwann sagen.«

»Wie stellst du dir das vor, Vater?«, wehrte die

Mutter ab. »Ich kenne sie kaum. Ich kann doch nicht einfach zu ihr sagen: Entschuldigen Sie, aber waschen Sie sich doch bitte öfter!«

Marie kicherte.

»Ich finde das gar nicht komisch!«, wies ihre Mutter sie zurecht.

»Komisch ist es wirklich nicht«, sagte Opa Karl. »Ich an deiner Stelle würde noch ein bisschen abwarten. Wenn ihr euch besser kennengelernt habt, kannst du sie mal beiseitenehmen. Du findest dann ganz bestimmt die richtigen Worte.«

Die Mutter nahm einen Schluck Mineralwasser und dachte kurz nach. »Wahrscheinlich hast du recht. Wenn es ihr keiner sagt, ist sie im Betrieb bald eine Außenseiterin. Und wenn sie es mir übel nimmt, kann ich's auch nicht ändern.«

»Kummerkastenonkel Karl hat immer einen Rat auf Lager«, frotzelte der Vater.

»Opa ist eben ein Zehn-Gebote-Spezialist«, erklärte Justus.

Der Großvater zwinkerte ihm zu. »So komm ich mir zurzeit wirklich selbst vor.« Dann sagte er im Ton eines Radiosprechers: »Und heute, liebe Hörer und Hörerinnen: Das achte Gebot ...« Er nickte Justus zu. »Wie du siehst, das mit der Wahrheit ist gar nicht so einfach!«

Wie recht er damit hatte, sollte Marie nur einige Tage später erfahren.

Dass Hanna das Geld geklaut haben sollte, sprach sich wie ein Lauffeuer in der Klasse herum. So schnell sie ihre neuen Freundinnen gefunden hatte, so schnell wendeten die sich jetzt von ihr ab. Obwohl Hanna ihre Unschuld beteuerte, stand sie bald allein im Pausenhof. Niemand wollte mehr etwas mit ihr zu tun haben. Auf einmal hatten alle von Anfang an gewusst, dass Hanna sich mit Geld Freundschaften erkaufen wollte. Und gerade die, die hinter ihr hergelaufen waren, weil sie auf ihre Großzügigkeit spekuliert hatten, waren jetzt besonders gehässig.

Dann fehlte Hanna plötzlich im Unterricht. Am Tag darauf kam Frau Gerhard, Maries Klassenlehrerin, mit sehr ernstem Gesicht in die Klasse. »Wir müssen heute mal ein offenes Wort reden«, begann sie.

Marie ahnte sofort, worum es ging, sie fühlte sich gar nicht wohl in ihrer Haut.

»Hannas Mutter hat mich gestern angerufen«, fuhr die Lehrerin fort. »Hanna weigert sich, in die Schule zu gehen. Angeblich wird sie von euch geschnitten. Ist das wahr?«

Nur stockend kam das Gespräch mit der Klasse in Gang. Aber schließlich erfuhr Frau Gerhard doch, was vorgefallen war. Kopfschüttelnd wandte sie sich an Marie. »Und du hast also diesen Diebstahlverdacht in die Welt gesetzt?«

Marie nickte befangen. »Es kann ja nur sie gewesen sein«, verteidigte sie sich. »Erst hat sie das Geld geklaut und dann alle ins Kino eingeladen.«

Die Lehrerin hob die Augenbrauen. »Ich hätte dich für schlauer gehalten, Marie. Für deine Anschuldigung gibt es nicht den geringsten Beweis. – *Mobbing* nennt man das!« Dann richtete sie den Blick in die Klasse. »Ihr Mädchen habt also im Chat über Hanna hergezogen, alle gegen eine. – Wie gemein und schäbig!«

Verlegenes Raunen ging durch die Reihen. Marie liefen die Tränen über die Wangen. Die Worte ihrer Lieblingslehrerin trafen sie ins Mark.

»Hanna muss tatsächlich sehr viel Geld ausgegeben haben«, sagte die Lehrerin. »Ihre Mutter ist inzwischen dahintergekommen, dass sie in den letzten Wochen ihre sämtlichen Ersparnisse aufgebraucht hat.«

Still und mit roten Köpfen hörten die Kinder zu.

»Kann schon sein, dass sie es übertrieben hat mit Einladungen und Geschenken. Aber Hanna musste mit ihrer Familie in den letzten Jahren dreimal umziehen und die Schule wechseln. Sie hoffte wohl, dass sie so schneller Anschluss an euch findet.«

Ans Pult gelehnt blickte die Lehrerin schweigend in die Klasse. Dann atmete sie tief durch. »Ach ja, übrigens – das wird euch bestimmt interessieren: Das Geld hat sich heute Morgen gefunden.«

Marie stockte der Atem, sie wurde blass. Himmel, wie sie sich schämte!

»Ja, meine Lieben«, sagte Frau Gerhard. »Das war nämlich so: Herr Walter sah das Geldkuvert auf dem Tresen liegen. Da ihm das ziemlich leichtsinnig erschien, legte er es sicherheitshalber in einen Büroschrank. Dummerweise vergaß er, das der Sekretärin mitzuteilen. Danach war er die ganze nächste Woche auf Klassenfahrt. Erst seit heute ist er wieder zurück. Als er im Lehrerzimmer von dem angeblichen Diebstahl hörte, klärte er die Sache auf. Das Geld schlummerte also die ganze Zeit unentdeckt hinter einer Schranktür, während ihr hier eine Klassenkameradin fertiggemacht habt.«

Keiner sagte etwas. Marie saß mit hochrotem Kopf da und hätte sich am liebsten in Luft aufgelöst.

»Na, dann denkt mal drüber nach!«, sagte Frau Gerhard. Sie suchte Maries Blick. »Ich bin sicher, euch fällt etwas ein, um die Sache wieder geradezubiegen.«

Marie schlug die Augen nieder. Sie wusste, sie hatte wirklich ordentlich Mist gebaut. Irgendwie musste sie das wieder gutmachen.

Zwei Tage später tauchten zum großen Erstaunen von Justus und Opa Karl plötzlich drei Mädchen in der Werkstatt auf.

»Das ist Hanna«, sagte Marie. »Emilia und ich gehen mit ihr rüber zum Skaterplatz. Sie kennt sich hier noch gar nicht richtig aus.«

Hanna grüßte schüchtern und beugte sich zu Duffy hinunter, der sie interessiert beschnupperte. »Hallo, Kleiner«, sagte sie. »Ob wir wohl Freunde werden?«

Opa Karl lächelte sie an. »Duffy wird es dir bestimmt nicht schwer machen. Aber Freundschaften brauchen eben ihre Zeit.«

Hanna nickte. »Ja, ich weiß«, sagte sie leise.

Neuntes Kapitel

Mit dem Flieger kam Justus gut voran. Er war fertig lackiert und auch das Fahrwerk hatten sie schon angeschraubt. Heute wollte er die Abziehbilder aufkleben. Danach mussten nur noch der Propeller und der Motor montiert werden.

Der Großvater hatte inzwischen mit der Gartensitzgruppe begonnen. Die ganze Werkstatt duftete nach Lärchenholz.

Justus betupfte den Bogen mit den Abziehbildern vorsichtig mit Wasser. Während er wartete, dass sie sich lösten, fiel ihm etwas ein, das er Opa unbedingt fragen wollte. Übermorgen würden sie die Reli-Arbeit schreiben. Er konnte die Gebote mittlerweile fließend auswendig und er wusste auch Beispiele – mehr als genug. Nur zum neunten Gebot fiel ihm einfach nichts Passendes ein.

»Opa«, sagte er. »Das neunte Gebot heißt doch: *Du sollst nicht begehren deines Nächsten Frau!* Was soll ich denn da als Beispiel schreiben?«

Sein Großvater setzte den Hobel ab und wischte mit dem Ärmel die Späne weg.

»Das neunte Gebot«, wiederholte er nachdenklich. »Hm, die letzten beiden Gebote fand ich auch immer verwirrend, denn im Grunde gehören sie zusammen.« Er machte eine Pause. »Wie erklär ich dir das am besten? – Also, zusammengefasst heißen das neunte und zehnte Gebot: *Du sollst nicht begehren deines Nächsten Frau!* Das ist das neunte Gebot und: *Du sollst nicht begehren deines Nächsten Haus, Feld, Sklaven, sein Rind oder seinen Esel, nichts, was deinem Nächsten gehört!* Kürzer ausgedrückt: *Du sollst nicht begehren deines Nächsten Gut!*« Er sah Justus zweifelnd an. »Verstehst du? – Eigentlich sind das neunte und zehnte Gebot irgendwie doppelt gemoppelt«, fuhr er dann fort. »Das neunte ähnelt dem sechsten Gebot: *nicht ehebrechen,* und das zehnte dem siebten Gebot: *nicht stehlen.* Trotzdem gehen die beiden letzten Gebote tiefer. Es geht nämlich um Genusssucht, Gier und Neid.«

Justus stöhnte auf. »Mann, ist das kompliziert!«

Opa Karl kratzte sich am Kinn. »Wenn man es sich genau überlegt, eigentlich nicht. In den beiden letzten Geboten sind nicht nur Taten gemeint, sondern schon die Gedanken, die den Taten vorausgehen.«

»Gedanken?« Justus sah ihn verständnislos an.

Der Großvater überlegte einen Moment. »Alles, was wir tun, fängt doch in Gedanken an. Alles entsteht im Kopf. Gutes und Schlechtes. Es geht darum, dass man sich im Griff hat und nicht jedem Trieb nachgibt. Das neunte Gebot könnte auch heißen: **Beherrsche dich und handle verantwortungsvoll!**«

»Und was hat das mit *deines Nächsten Frau* zu tun?«, fragte Justus. »Außerdem – eine Frau gehört doch niemandem.«

Opa Karl lächelte. »Heute natürlich nicht mehr, aber damals, zu biblischen Zeiten, wurden Frauen noch als Eigentum ihres Ehemannes betrachtet, genauso wie die Dienerschaft, Tiere, Haus und Felder.«

Justus löste behutsam ein Abziehbild von der Unterlage und legte es auf eine der Tragflächen.

»Hier«, sagte der Großvater und reichte ihm ein Stofftaschentuch. »Ganz vorsichtig andrücken.«

Behutsam tupfte Justus das überschüssige Wasser weg und presste das Zeichen glatt. Dann hob er das Modell stolz hoch. »Sieht cool aus, was?«

Sein Großvater nickte abwesend.

»Und was ist jetzt mit meinem Beispiel?«, fragte Justus.

Opa Karl räusperte sich. »Also, jetzt denk doch mal an Duffy und die kleine Setterhündin von gegenüber!«

Justus gluckste los. »Mann, war das ein Affenzirkus, als Roxy im letzten Jahr läufig war.«

Er erinnerte sich nur zu gut daran. Duffy war nicht mehr zu halten gewesen. In jedem unbeaufsichtigten Moment büxte er aus und nervte die Nachbarin mit endlosem Sehnsuchtsgeheule vor der Terrassentür. Irgendwann musste es dann passiert sein. Roxy war trächtig. Ihre Besitzerin war darüber alles andere als erfreut. Das Ergebnis von Duffys Eskapaden waren drei drollige Junge. Zum Glück brachte die Nachbarin die ganze Bande gut unter. Justus und Marie hätten zu gern einen der Welpen gehabt. Aber die Mutter hatte sich energisch dagegen gestellt. »Noch so ein verfressener Vierbeiner kommt mir nicht ins Haus!«, hatte sie gesagt.

Opa Karl lächelte. »Fast hätten wir für die Kleinen Unterhalt bezahlen müssen. Aber im Grunde kann man es an der Geschichte gut erklären. Duffy ist heiß auf Roxy und will mit ihr zusammen sein. Duffy ist ein Hund. Er denkt nicht darüber nach, was er tut. Verantwortung kennt er nicht. – Nun, das erwartet man von einem Tier auch nicht, von Menschen aber schon. Manchmal verschaut sich ein Mann in eine verheiratete Frau oder umgekehrt, eine Frau in einen verheirateten Mann. Doch auch wenn man eine Beziehung ohne Ehering hat, kann man seinen Partner betrügen. Anders als Duffy wissen Menschen genau, welche Auswirkungen es hat, wenn sie sich dann nicht zurückhalten.«

Justus, der gerade das zweite Emblem befestigt hatte, dachte an Noah. Seine Eltern hatten sich scheiden lassen, weil sein Vater eine andere Frau kennengelernt hatte. Für Noah war damals eine Welt zusammengebrochen.

»Noahs Eltern sind geschieden«, sagte er.

»Ich weiß«, antwortete Opa Karl. »Manchmal vertragen sich zwei nicht. Dann lässt sich das nicht vermeiden. Aber besser für alle ist es, wenn sich die Eheleute treu bleiben und nicht nach anderen Partnern schielen. Auch Untreue beginnt im Kopf.«

Justus blickte Opa Karl unsicher an. »Soll ich das schreiben? Das mit Duffy und Roxy?«

»Nimm ein anderes Beispiel!« Der Großvater schmunzelte. »Ich sage nur: Schaumküsse!«

Justus verdrehte die Augen. Das schon wieder! Wie oft bekam er das eigentlich noch zu hören? Es war an seinem Geburtstag gewesen. Mama hatte für seine Party zwei große Schachteln Schaumküsse gekauft.

Ehe seine Gäste kamen, hatte er sich einen gegönnt, immerhin waren es ja seine Geburtstags-Schaumküsse. Mann, hatten die geschmeckt! Allein das Gefühl, wenn die Schokolade zwischen den Zähnen aufbrach und man mit der Zunge den süßen Zuckerflaum rausschlecken konnte. Unwiderstehlich! Justus seufzte. Obwohl er genau wusste, dass es falsch war, hatte er einfach nicht aufhören können. Als Mama schließlich in die Küche kam, war er bereits beim zehnten angelangt. Mit einem Entsetzensschrei hatte sie ihm die Schachtel weggerissen und ihn für verrückt erklärt. Justus schluckte. Na ja, und dann war ihm schlecht geworden. Schrecklich schlecht! So schlecht, dass er sich übergab und Mama seine Freunde heimschicken musste. Justus zuckte verlegen mit den Schultern. »Ich weiß ja, Opa, das war bekloppt. Aber ich konnte mich einfach nicht beherrschen. Wenigstens hab ich keinem anderen damit geschadet.«

»Wie man's nimmt. Du hast deinem Körper geschadet und dir und deinen Freunden das Fest ruiniert. Das ist ein gutes Beispiel zum neunten Gebot.«

Justus zog einen Flunsch. »Das mach ich bestimmt nicht wieder. Ich kann die Dinger nicht mehr sehen.«

Sein Großvater lachte. »Wie schon gesagt: Die Gebote sind eine Anleitung für ein glückliches Leben.

Wer sich daran hält, erspart sich einiges.« Damit wandte er sich wieder der Hobelbank zu.

Justus klebte das Emblem *Seagull X4* auf den Flieger. Zufrieden betrachtete er sein Werk. »Cool! Fast fertig!«

»Morgen Nachmittag helf ich dir, den Motor einzubauen«, sagte der Großvater.

Justus schüttelte den Kopf. »Morgen kann ich nicht. Gleich nach der Schule geh ich zu Noah. Wir spielen sein neues Online-Spiel.«

Opa Karl blickte von seiner Arbeit auf und zog die Augenbrauen hoch. »Noah sitzt wohl nur noch vorm PC.«

Justus verzog den Mund. »Dem quatscht eben keiner rein. Er hat sogar seinen eigenen Laptop. Papa lässt mich an seinen Laptop nicht ran, nur an den Uralt-PC mit den immer gleichen Spielen. Und sogar da heißt es nach einer halben Stunde: Jetzt ist Schluss!«

»Ich glaub ja nicht, dass Noah zu beneiden ist«, sagte der Großvater. »Ist dir auch aufgefallen, dass er in den letzten beiden Jahren ziemlich rund geworden ist?«

Justus nickte. »Stimmt, damit ziehen ihn die anderen auch ganz schön auf. Seit der Scheidung seiner Eltern muss seine Mutter ganztags arbeiten. Da stopft Noah sich halt mittags mit Junk-Food voll und Sport konnte er noch nie leiden. In die Ganztagsschule wollte er nicht. Noah sagt, er ist lieber sein eigener Herr.« Justus seufzte. »Und das ist er echt. Er kann machen, was er will. Und meistens will er eben fernsehen oder am PC zocken.«

Opa Karl fuhr prüfend mit dem Daumen über das Hobelmesser. »Neuntes Gebot! Auch was man gern macht, schadet, wenn man das Maß verliert.«

»Schaumküsse«, sagte Justus und verdrehte die Augen.

Zehntes Kapitel

Einen Tag später.

»Schi-inken oder Sa-alami?«, keuchte Noah. Er war völlig außer Atem von den vielen Treppen. »Warum hat dieses blöde Haus auch keinen Lift?« Immer noch japsend stand er jetzt vorm Tiefkühlschrank und sah seinen Freund fragend an.

»Schinken«, antwortete Justus.

Kurz darauf saßen die beiden vor dem Fernseher im Wohnzimmer, aßen ihre Pizza mit den Händen aus dem Tiefkühlkarton und sahen sich dabei einen japanischen Trickfilm mit kämpfenden Robotern an.

Justus genoss es, ungestört die Füße auf den Couchtisch zu legen. »Saugemütlich bei dir! Ich glaub, Mama würde ausflippen, wenn ich im Wohnzimmer mit 'ner Pizza ankäm.«

»Wiescho?«, fragte Noah mit vollem Mund. »Wir eschen dosch wie feine Leute.« Er schnitt eine Grimasse und rülpste kräftig. Justus verschluckte sich fast vor Lachen.

Nachdem sie ihr Mittagessen verdrückt hatten, wischte Noah die Finger der Hose ab und schaltete den Fernseher aus. In der Küche warf er die leeren Pizzakartons Richtung Mülleimer, dass die Brösel nur so stoben. »Abwasch erledigt!«

Justus hob den Daumen und grinste. »Fast gar nichts daneben!«

Die nächste Dreiviertelstunde verbrachten sie in Noahs Zimmer mit Hausaufgaben. Da sein Freund den Ethikunterricht besuchte, beschloss Justus, den Reli-Stoff für den Test am kommenden Tag erst am Abend zu wiederholen.

»Ich brauch jetzt was Süßes«, stellte Noah fest, nachdem er seine Schulsachen weggepackt hatte. Er verschwand und kam mit einem Karton Schaumküsse zurück.

Justus wehrte entsetzt ab. »Mit dem Zeug kannst du mich jagen!«

Während Noah sich einen Schokokuss bis zum Anschlag in den Rachen stopfte, schaltete er seinen Laptop an.

»Isch hab 'ne neue Grafikschkarte«, sagte er mit vollem Mund. »Hat mein Dad mir neulisch gekauft.«

Justus seufzte. »Du hast's gut! Unsere Kiste ist echt

fürs Museum. Eigentlich egal, dass Papa das Spiel nicht runterladen wollte, es wär auf dem ollen Ding eh nicht gelaufen.«

Noah zuckte mit den Schultern. »John sieht das lockerer, er sagt, so ein Crack schadet doch keinem und es gäbe noch genug Leute, die ihre Spiele kaufen.«

Justus setzte gerade an, Noah zu widersprechen, als mit lauter Musik das Intro von *Space-Fighter* aufpoppte und seine ganze Aufmerksamkeit auf sich zog.

»Es ist eigentlich erst ab sechzehn«, erklärte Noah stolz. »Die meisten Zocker sind älter als ich.« Er deutete auf eine Seitenleiste, die anzeigte, wer alles online war. »Viele von denen kenn ich.«

»Sind doch nur Avatare mit Fantasienamen«, sagte Justus mit einem Blick auf die grimmigen Gestalten.

»Klar sind das Charakternamen, ich heiß hier auch nicht Noah, sondern Torik.«

»Dann kennst du sie aber nicht wirklich«, wandte Justus ein.

»So gesehen nicht«, gab Noah zu. »Aber man kann sich privat schreiben. – Hat neulich einer gemacht, der wollte wissen, wie alt ich bin und wo ich wohne. Hab natürlich nicht geantwortet.«

Justus dachte an Nico und das, was sein Vater neulich gesagt hatte. »Pass bloß auf! – Es gibt so Typen ...«

Noah winkte ab. »Bin ja nicht blöd!« Damit angelte er nach einem zweiten Schaumkuss, der ebenso schnell verschwand wie sein Vorgänger. Mit schokoverschmiertem Mund wies er Justus ein.

Torik gehörte zu einem Clan von Space-Fightern, die die Galaxie von feindlichen Eindringlingen befreien mussten. Als Justus in Toriks Rolle schlüpfte, griff ihn ein intergalaktischer Kampfroboter an. Im letzten Moment gelang es ihm, eine Laserwaffe zu ergattern und den Gegner zu eliminieren.

Zwei Stunden später glühten den Freunden die Köpfe. Erschrocken sah Justus auf die Uhr. »Ich muss los!«

Noah griff nach einem weiteren Schokokuss. »Fürsch erschte Mal warscht du gar nicht schlecht! – Heut war esch zschum Glück easchy.«

Justus stöhnte. »Easy?«

Noah nickte stumm – er hatte den Mund zu voll.

»Dir wird noch schlecht«, prophezeite Justus. »So wie mir damals.«

Noah schluckte. »Isch bin wasch gewöhnt!«

»Trotzdem«, sagte Justus. »Neuntes Gebot.«

»Hä?« Noah sah ihn ratlos an.

»Sagt dir *Selbstbeherrschung* was?« Justus grinste.

Noah wischte sich den Mund ab. »Klar, bei Spinat kann ich mich super beherrschen.«

Justus lachte. Noah wusste auf alles eine Antwort, aber die Anleitung für ein glückliches Leben kannte er offenbar nicht.

Der Vater war schon da, als Justus heimkam. »Hast du Mathe geübt?«, erkundigte er sich.

Mist, dachte Justus, ich muss doch auch noch für Reli lernen. Er schüttelte den Kopf.

»Dann an die Arbeit!«, sagte seine Mutter. »Wir essen heute etwas später.«

Justus verzog sich nach oben. Mann, Noah hatte es gut! Da war keiner, der dauernd etwas von ihm wollte. Schlecht gelaunt suchte Justus das Mathe-Übungsheft heraus, das sein Vater für ihn besorgt hatte, und machte sich an eine Textaufgabe. Immer wieder las er sie durch, aber seine Gedanken wanderten ständig zu dem Spiel. Papa hatte ja echt keine Ahnung, wie cool es war!

»Brauchst du Hilfe?« Der Vater stand in der Tür.

»Weiß nicht«, murmelte Justus genervt.

Sein Vater kam näher. »Zeig mal!« Er las die Aufgabe durch. »Die ist doch kinderleicht. – Du konzentrierst dich bloß nicht!«

Justus spürte, wie die Wut in ihm hochkochte. Er versuchte ja, sich zu konzentrieren! Gereizt las er den Text zum x-ten Mal, aber es klingelte einfach nicht.

Nicht weniger gereizt erklärte ihm sein Vater schließlich den Lösungsweg. »Die Aufgabe war wirklich nicht schwer. Wo bist du nur mit deinen Gedanken?«

»Bei Noah«, gab Justus trotzig zurück. »Der hat's gut. Dem quatscht nicht dauernd einer rein. Und seinen eigenen Laptop hat er auch.«

»Daher weht also der Wind«, sagte der Vater. »Im Moment sehe ich keinen Grund, dass ihr Kinder einen eigenen Rechner bekommt. Wenn ihr später für Schule oder Studium einen braucht – kein Thema.« Damit drehte er sich um und verließ das Zimmer.

Beim Abendessen saß Justus mit Leidensmiene vor seinem Teller. Seine Mutter reichte ihm den Brotkorb. »Welche Laus ist dir denn über die Leber gelaufen?«

Noch ehe Justus antworten konnte, sagte der Vater: »Unser Justus ist vom Neid zerfressen, weil Noah einen eigenen Laptop hat, auf dem er ungestört seine Ballerspiele abziehen kann.«

Opa Karl suchte Justus' Blick und hielt wortlos zehn Finger hoch. Justus verstand ihn sofort.

»Das hat doch mit dem zehnten Gebot nichts zu tun«, verteidigte er sich »Ich begehre gar nicht Noahs Laptop. Ich will bloß auch einen!«

»Ich will, ich will, ich will …«, äffte ihn sein Vater

nach. »Schau lieber mal, was *du* alles hast, das Noah nicht hat!«

»Dein Vater hat recht«, mischte sich nun auch noch seine Mutter ein. »Noah ist so oft sich selbst überlassen. Nur weil seine Eltern keine Zeit für ihn haben, erlauben sie ihm alles. Und das ist sicher gar nicht gut für ihn.«

Opa steckte Duffy ein Stückchen Wurst zu, dann wandte er sich an seinen Enkel. »Weißt du, das zehnte Gebot heißt anders ausgedrückt: **Freu dich an dem, was du hast!**«

Justus schwieg. Er hatte es in vielem wirklich viel besser als sein Freund, der bis zum Abend allein herumhing und die Wochenenden mal beim Vater, mal bei der Mutter verbrachte. Doch das konnte er jetzt nicht zugeben. Die Sache mit dem eigenen Rechner wurmte ihn einfach zu sehr.

Über dem Gespräch war keinem aufgefallen, dass Marie bisher noch kein Wort gesagt hatte, bis es der Vater schließlich doch bemerkte. »Du bist ja heute so still.«

Maries Stirn verfinsterte sich. Sie legte das Besteck aus der Hand und platzte los wie ein überhitzter Dampfkochtopf.

»Es ist so gemein! Wir üben fürs Sommerfest einen Stepptanz ein. Die Schneider hatte mir versprochen, dass ich ein Solo vortanzen darf, weil ich so gut bin.

Und heute hat sie gesagt, dass Liana besser ist, und hat ihr das Solo gegeben.«

»Und ist Liana besser?«, hakte ihr Vater nach.

Marie sah ihn düster an. »Sie ist gut. – Aber ich auch!«

Die Mutter überlegte. »Ist Liana nicht das Mädchen, das letztes Jahr aus Rumänien zu euch in die Klasse gekommen ist?«, fragte sie dann.

Marie nickte. »Im Sport ist sie wirklich gut, aber in den anderen Fächern versteht sie nur die Hälfte, weil sie noch nicht richtig Deutsch kann.«

Opa Karl kraulte Duffy, der in Erwartung weiterer Leckerbissen neben ihm saß. »Möchtest du mit Liana tauschen?«

Marie schüttelte den Kopf. »Aber das hat doch damit nichts zu tun!«

»Eine ganze Menge, finde ich«, entgegnete ihr Großvater ruhig. »Wenn du nicht tauschen möchtest, dann sei froh, dass du es so viel leichter hast, und gönn dem Mädchen den sportlichen Erfolg.«

Auf diese Worte fiel Marie anscheinend nichts mehr ein. Sie schwieg.

Nach dem Abendessen fragte der Großvater: »Kommst du noch mit in die Werkstatt, Justus? Den Propeller und den Motor haben wir schnell eingebaut, dann könnten wir die Seagull gleich morgen fliegen lassen.«

Justus nickte begeistert. »Wenn du mich dabei die Zehn Gebote abfragst. Wir schreiben in der dritten Stunde die Reli-Arbeit.«

Tatsächlich waren es nur noch ein paar Handgriffe, bis der Flieger fertig war. Während Justus das Flugmodell hielt, schraubte sein Großvater die Halterungen an und setzte anschließend den Motor ein. Nebenbei sagte Justus die Zehn Gebote auf und nannte jeweils ein Beispiel. »Und beim zehnten Gebot schreib ich das mit dem Stepptanzen und dass man zufrieden sein soll mit dem, was man hat.«

»Ach?« Der Großvater befestigte lächelnd den Propeller. »Und die Sache mit dem Laptop?«

»Ist mir zu persönlich«, gab Justus verlegen zurück.

»Und hat dir fast den ganzen Abend verdorben. Neidische Gedanken sind nicht gerade angenehm. Sie können einen richtig zerfressen, und man kann gar nichts anderes mehr denken.«

Justus sah ihn erstaunt an. »Stimmt, aber woher weißt *du* denn das?«

Sein Großvater zwinkerte ihm zu. »Ich bin doch kein Heiliger!«

Als am nächsten Tag der Gong den Unterricht beendete, raste Justus aus dem Schulgebäude. Der Großvater und Duffy warteten schon in Opa Karls altem Mercedes auf ihn.

»Wie lief Reli?«, begrüßte ihn der Großvater.

»Super – glaub ich wenigstens«, antwortete Justus und warf seinen Schulrucksack ins Auto. Er konnte es kaum erwarten, die Seagull fliegen zu lassen. Opa Karl steckte ihm eine Tüte mit Wurstbrötchen zu. »Iss, damit du was im Magen hast!«

Duffy stupste Justus so lange mit der Schnauze, bis er einen Happen abbekam. Dann drückte der Großvater Justus ein kleines Heft in die Hand. »Die Fluganleitung«, sagte er und startete den Wagen. »Damit uns das Prachtstück nicht gleich abstürzt.«

Während er aß, blätterte Justus in dem Begleitheft. Aber schon nach kurzer Zeit klappte er es zu. »Mann, Opa, das kapier ich im Leben nicht! Warum kann ich die Seagull nicht einfach so fliegen lassen?«

»Ohne die Anleitung geht leider gar nichts«, entgegnete sein Großvater. »Du kannst von Glück reden, dass ich sie durchgearbeitet habe. Wenn du die Seagull falsch bedienst, überlebt sie ihren ersten Flug garantiert nicht.«

Zwanzig Minuten später hielt der Großvater auf dem Modellflugplatz vor der Stadt. Duffy sprang begeistert aus dem Wagen und erforschte schwanzwedelnd die fremde Umgebung.

Opa Karl holte den Flieger aus dem Kofferraum und setzte ihn vorsichtig ins Gras. »Wir fangen mit einem Handstart an«, entschied er. »Das erscheint mir sicherer.« Dann knüpfte er den Trageriemen an die Fernsteuerung und erklärte Justus, was er zu tun hatte.

Außer ihnen und Duffy war zu dieser ungewöhnlichen Zeit niemand auf dem Modellflugplatz. Zum Glück hatte die Sonne die grauen Wolken vertrieben, die Justus heute Morgen noch Sorgen gemacht hatten. Jetzt kringelten sich nur noch kleine Flaumgebilde am Himmel. Gänseblümchen streckten ihre Köpfe aus dem jungen Grün. Es roch frisch und lebendig nach Erde und Frühling. Der perfekte Tag, um die Seagull fliegen zu lassen.

Mit klopfendem Herzen hängte sich Justus die Fernsteuerung um den Hals. Die Rechte am Steuerknüppel, hielt er mit der Linken den Flieger in die Höhe.

»Nicht zu schnell hochziehen!«, ermahnte ihn sein Großvater. »Lass ihn erst ein Stück geradeaus fliegen, bis er genug Fahrt hat!«,

Justus startete den Motor, gab dem Modellflugzeug den Anfangsschub und drückte aufs Gas. Trotz der Warnung zog er die kleine Maschine viel zu rasch hoch. Für einen kurzen Moment schlingerte die Seagull. Justus stockte der Atem. Im letzten Augenblick gelang es ihm noch, sie abzufangen. Nach dieser Erfahrung war er vorsichtiger. Mit einem gleichmäßigen Brummen stieg der Flieger nun sicher höher und höher.

Hellauf begeistert und laut kläffend verfolgte ihn Duffy, kam aber auf seinen kurzen Beinen kaum nach. »Duffy, das ist kein Stöckchen!«, rief der Großvater hinter ihm her.

Opa Karl legte den Arm um Justus' Schultern. Gemeinsam sahen sie zu, wie sich die Seagull in den blau-weißen Frühlingshimmel schwang. Ihre glänzenden Tragflächen blitzten in der Sonne. Justus fühlte sich glücklich und stolz. Sie war sein Werk. Er hatte sie fast allein gebaut. Und jetzt folgte sie jedem seiner Kommandos.

»Das mit der Anleitung ist wichtig«, sagte Justus verträumt.

Die Zehn Gebote nach Moses*
und
Opa Karls Anleitung
für ein glückliches Leben

1 Ich bin der Herr, dein Gott.
Du sollst keine anderen Götter neben mir haben
Opa Karl: Das Wichtigste in deinem Leben soll die
Liebe sein

2 Du sollst den Namen Gottes nicht missbrauchen
Opa Karl: Mach Gott nicht für dein Handeln verantwortlich

3 Du sollst den Tag des Herrn heiligen
Opa Karl: Finde Ruhe, deine innere Stimme zu
hören

4 Du sollst Vater und Mutter ehren
Opa Karl: Schenk deinen Eltern die Liebe, die sie
dir schenken

5 Du sollst nicht töten
Opa Karl: Wende keine Gewalt an

6 Du sollst nicht ehebrechen
Opa Karl: Enttäusche Vertrauen nicht

7 Du sollst nicht stehlen
Opa Karl: Nimm nichts, was dir nicht gehört

**8 Du sollst nicht falsch gegen deinen Nächsten
  aussagen**
Opa Karl: Bleib bei der Wahrheit

9 Du sollst nicht begehren deines Nächsten Frau
Opa Karl: Beherrsche dich und handle verantwortungsvoll

10 Du sollst nicht begehren deines Nächsten Gut
Opa Karl: Freu dich an dem, was du hast

**5. Buch Moses/Deuteronomium 5, 6–21; auch 2. Buch Moses/Exodus 20, 2–17; es gibt leichte
Abweichungen in der Einteilung des 9. und 10. Gebots*

Brigitte Endres studierte Grundschulpädagogik, Germanistik und Geschichte und begann während ihrer Tätigkeit als Grundschullehrerin für Kinder zu schreiben. Seit über zwanzig Jahren arbeitet sie als freiberufliche Kinder- und Jugendbuchautorin für Verlage in Deutschland, Österreich und der Schweiz sowie für verschiedene Radiosender. Ihre Bücher wurden in viele Sprachen übersetzt.

Ein Schatz bekannter und neuer Lieder

Margot Käßmann und ihre Tochter Lea haben für dieses Liederbuch 100 ihrer liebsten Kinderlieder ausgewählt: bekannte Morgen- und Abendlieder, Mitmachlieder, Kanons, einige neue Melodien und vieles mehr für alle Gelegenheiten und Jahreszeiten. Zu jedem der Lieder gibt es Noten und einfache Akkorde, sodass sie mit Gitarre oder Klavier begleitet werden können. Aus dem Inhalt: Kommt ein Vogel geflogen / Viel Glück und viel Segen / Ihr Kinderlein, kommet / Der Kuckuck und der Esel / Schön ist es, auf der Welt zu sein u. v. m. Ab 4 Jahren.

Mit Illustrationen von Melanie Brockamp

Margot & Lea Käßmann

Die 100 schönsten Kinderlieder

Hardcover mit Veredelung · 22 x 28 cm
144 Seiten, durchgehend farbig
ISBN 978-3-96340-127-5
€ [D] 22,–

Mit Kindern beten

Wie schön ist es, zu wissen: Was auch immer mich
beschäftigt – ich kann Gott alles sagen. Es gibt viele
Gelegenheiten, ein Gebet zu sprechen. Margot Käßmann
und Lea Käßmann haben für dieses Kindergebetbuch
Tischgebete, Dankgebete, Morgen- und Abendgebete,
Gute-Nacht-Gebete und Gebete bei Sorgen zusammen-
gestellt. Darunter sind viele neu formulierte Gebete, die
schon die Kleinsten mitsprechen können und eine Auswahl
der beliebtesten »klassischen« Kindergebete. Ab 4 Jahren.

Mit Illustrationen von Melanie Brockamp

Margot & Lea Käßmann
....
**Du gibst immer auf
mich acht**
....
Hardcover · 17 x 24 cm
80 Seiten, durchgehend farbig
ISBN 978-3-96340-090-2
€ [D] 12,–

Besuchen Sie uns im Internet:
www.bene-verlag.de

Überarbeitete Neuausgabe Januar 2022
© 2022 bene! Verlag
Ein Imprint der Verlagsgruppe
Droemer Knaur GmbH & Co. KG
Maria-Luiko-Straße 54, 80636 München
Alle Rechte vorbehalten. Das Werk darf – auch teilweise –
nur mit Genehmigung des Verlags wiedergegeben werden.
Die Nutzung unserer Werke für Text- und Data-Mining
im Sinne von § 44b UrhG behalten wir uns explizit vor.
Cover- und Innengestaltung: Maike Michel
Titelmotiv und Skizzen im Innenteil: Melanie Brockamp
Druck und Bindung: GGP Media GmbH, Pößneck
ISBN 978-3-96340-227-2

Kontaktadresse nach
EU-Produktsicherheitsverordnung:
produktsicherheit@droemer-knaur.de

5   4   3   2